마르크스주의의 정체 탐구

마르크스주의의 정체 탐구

김 현 태 편저

철학과 현실사

차 례

제2부 역사적 유물론

서문

1. 마르크스 사상의 흐름과 그 정체성

요즘 지구촌에는 '마르크스 르네상스'라는 말이 떠돌고 있다. 한때 유럽에서 공산주의의 유령처럼 나타나 사람들의 이목을 집중시키다가 20여 년 전 공산권의 몰락과 함께 슬그머니 자취를 감췄다고 생각한 마르크스주의가 '인간 마르크스'라는 유령의 탈을 쓰고 다시 등장한 것이다. 냉전시대에는 어두운 '죽(竹)의 장막'과 '철의 장막'에서 알지 못할 혁명가로 남아 있다가 동서의 장벽이 허물어지고 사람들이 심리적, 정서적으로 안정감을 되찾은 지금에 와서는 사상가로 새롭게 변신하여 조명되고 있는 것이다.

더구나 진보를 자처하는 세력들은 자본주의에 대한 비판 기준 내지 준거로서의 마르크스를 넘어서서 그 대안책으로까지

이 사상가를 끌어들이려는 움직임을 보이고 있다. 이는 현실 안에서 필히 극복되어야 할 요소들로 지적되는 양극화 현상, 청년실업, 고용불안, 노사 간의 갈등과 같은 첨예한 문제들을 그 근본에서부터 수정, 정위하여 제대로 자리매김해야 한다는 긴박한 심리적 상황과 맞물려 있다.

영국의 진보 신문인 『가디언(*The Guardian*)』은 2012년 6월 7일자 한 코너에 「마르크스가 무슨 이유로 다시 부상하는 것일까?」라는 장문의 기사를 싣고 유럽의 '마르크스 르네상스'를 특필로 기사화한 바 있다. 지금 이 나라 서점에서도 근자에 출판된 마르크스와 관련된 다양한 서적들을 쉽게 찾아볼 수 있다. 한마디로 마르크스 사상의 열풍이 불고 있는 것이다. 이에 대해 2012년 7월 18일자 문화란에서 『조선일보』는 다음과 같이 적고 있다.

> 2008년 금융위기 이후, 마르크스의 주저인 『자본론』과 『공산당 선언』의 판매가 치솟고, 사회주의노동자당 연례행사인 '마르크시즘 2012'에 젊은이들이 대거 몰리고 있다는 소식이다. 독일에서는 유명인 초상화가 들어간 마스터카드 중 마르크스 얼굴이 들어간 카드가 가장 많이 신청됐다. 급기야 시장경제를 옹호하는 『이코노미스트』는 이런 마르크스 열풍에 대응하듯, 지난 14일자에 자본주의 변론 신간서 두 권을 나란히 소개했다. 엘러 멜처 카네기멜런대 교수의 『왜 자본주의인가?』와 왜 루이지 징게일스 시카고대 경영대학원 교수의 『민

중을 위한 자본주의』. 공산권 붕괴를 전후해 프랜시스 후쿠야마가 『역사의 종언』을 선언한 지 20여 년 만에 다시 체제 논쟁에 불이 붙은 인상이다.

아무튼 이 책에서는 마르크스주의가 어떤 것인지, 도대체 무엇을 말하고 싶어 하는 것인지에 대해 요약해서 설명하고자 한다. 항간에 나도는 마르크스 열풍에 대해 심정적으로 무작정 동의할 것이 아니라 그 진상을 밝히고 참된 이해를 더하는 것이 무엇보다도 혼란의 격랑기와도 같은 이 시대를 살아가는 우리에게 참으로 긴요한 것 같아 저자는 1980년대에 대학에서 가르치던 마르크스 사상의 핵심이 되는 이론을 다시 정리하여 간략히 기술하고자 했다.

마르크스주의는 크게 두 가지 이론으로 꾸며져 있다. 첫 번째는 형이상학에 해당하는 변증법적 유물론이고, 두 번째는 이를 발판으로 전개되는 사적 유물론이다. 특히 후자의 이론은 마르크스주의의 실천적 특성들에 대해 논하는 부분이다. 우리는 이 두 가지를 하나로 묶어 마르크스-엥겔스가 주장하고자 하는 가장 근본적이며 핵심적인 문제들을 거론하며 그 실상을 마주하려 한다.

알다시피 지난 20세기는 세계가 민주주의와 공산주의로 대별되어 동서의 각축장을 방불케 했다. 그런 세계정세는 1990년대에 들어서면서부터 엄청난 지각변동을 일으켰다. 탈냉전의 움직임이 소련 전역에서 일었을 뿐 아니라 급기야 동구권으로까지 그 위세가 확산되었다. 그로 인해 민주화의 물결은 소련의 위성국들이었던 체코슬로바키아, 폴란드, 헝가리, 유고슬라비아 등 사방팔방으로 번져 나갔으며, 세계는 그 누구도 예상치 못한 놀라운 변화를 실감하였다.

소비에트 연방은 더 이상 민족이라는 이념 앞에 아무런 맥도 쓰지 못하는 국가로 전락하는 듯했으며, 연방들은 독특한 종교와 언어, 문화, 정서적 차별성을 내세우며 기존의 공산국가 안에서 숨죽이며 강제적으로 이행할 수밖에 없었던 역할들을 청산하고, 어떻게 해서라도 기를 써서 나름의 독자적 형태로 발돋움하려 했다. 그렇게 해서 연방들은 나름대로의 해체 노선을 밟기에 이른다. 결과적으로 소련 외곽에 위치한 위성국가들 역시 예전의 정치적 색깔이 바래면서 더 이상 공산사회를 고집할 수 없는 징후를 맞닥트리게 되었다.

고르바초프(M. S. Gorbachev)의 새로운 '페레스트로이카(新思考)' 정책은 막강한 세력을 지녔던 소련과 그 주변 국가들에 먹혀들면서 정적인 분위기 안에서 미증유의 핵분열을 일으키는 듯했다.

한마디로 다수와 소수를 가리지 않고 민족들은 저마다의 애국과 독립을 노골적으로 외쳐댔다. 특정 집단의 종교와 문화, 전통의 차이점들은 '바로 이때다' 싶어 갈증 난 민족정서에 불을 지르며 편 가르기를 부추겼다. 이때 민중은 민주화의 기회를 놓치려 하지 않았다. 그 결과 대부분의 국가와 연방들은 그토록 목말라하며 고대하던 독립을 쟁취하는 행운을 맛보았다. 물론 거기에는 피비린내 나는 갈등과 분열, 침략과 전쟁이 줄을 이었다. 아직도 러시아와 체첸 공화국, 유고슬라비아의 내전 사태는 완전히 가라앉지 않은 실정이고 종족과 이념에서 비롯되는 분쟁의 불씨는 여전히 그 안에 자리하고 있어 언제 무슨 일이 터질지 모르는 위험천만한 상태임을 간과할 수 없다.

공산주의와 사회주의 체제 안에서 나름대로 강력한 영향력을 행사한 마르크스주의는 지금에 와서 그 위력이 상당히 감소된 것처럼 보이나 — 그렇게 보는 것이 통례다 — 불행히도 자본주의의 실정(失政)이 부각되면 부각되는 만큼 마르크스주의는 사상계, 정치계, 노동계, 특히 가진 것이 없는 자들에게 손에 잡히지 않는 유령이 아닌 현실계의 구원자처럼 아주 손쉽게 먹혀드는 게 사실이다.

같은 민족이면서도 전혀 이질적인 사상과 이념 체계에 사로잡혀 있는 이웃 북한은 이러한 왜곡된 문화의 흐름으로부터 한 치도 벗어나지 못하고 있는 실정이다. 북한 공산주의, 더 정확히 말해 세계 어느 곳에서도 찾아볼 수 없는 유일무이한 일당 독재체제는 마르크스주의 이론과 직결되어 있나고 단언할 수는 없지만, 적어도 거기에서 상당한 사상적 영향을 받아 그 명맥을 유지하고 있는 것만큼은 부정할 수 없다(물론 어느 정도 깊은 관련을 맺고 있는지는 마르크스주의와 북한학을 깊이 있게 연구하면서 밝혀내어야 할 것이다). 그뿐만 아니라 우익과 좌익의 논쟁이 끊이질 않고 있는 이 땅의 정치권이나 노동계도 직간접적으로 마르크스적 가르침과 전혀 무관한 정치적, 경제적 활동을 한다고만 할 수 없는 지경에까지 이르렀다.

더구나 최근에 이르러서 이 땅에서는 사분오열(四分五裂)되는 전무후무한 분열이 가속화되고 있다. 전에는 전라도와 경상도라는 지방색이 강력한 이데올로기로 민족이라는 칠판에 지울 수 없는 글씨처럼 남아 있더니, 이제는 보수니 진보니, 안정이니 변화니, 친노니 반노니, 친박이니 비박이니 하면서 끊임없는 분열 사태로 치닫고 있다. 일심(一心), 일자(一者)가 없는 대(大)의 쪼개짐이니 작은 무리들의 갈림은 오죽하랴 싶다. 참으로 서글픈 현상이 아닐 수 없다.

우리는 자본주의 체제나 관념론, 정통교회의 가르침과는 여러 가지 측면에서 근본을 달리하고 있는 마르크스-엥겔스와 이들 사상에 대해 깊은 이해를 할 필요가 있다. 외면한다 해서 모든 문제가 해결되는 것은 아니기 때문이다. 내 맘에 들지 않는다고 무조건 무시해 버린다면 그것은 선입견에 불과한 배척 외에 다른 것이 아닐 것이다.

실상을 알고 그 면면을 수용하면서 잘못된 부분을 직시하고 올바른 사상으로 재무장할 때만 아무리 휘황찬란한 모습을 한 채 또 다른 마르크스주의가 새로운 유령의 탈을 쓰고 나타날지라도 그 전략에 휘말리지 않을 수 있다. 그럴 경우에만 마르크스 사상의 위험성을 재확인하고 경계하면서도 자본 일색의 세계에 경고의 메시지도 보낼 수 있고 잘못된 정책들을 비판하고 질타하며 따져 묻는 가운데 세상을 살 만한 거처로 만들 수 있을 것이다. 이런 정신적 자세야말로 있을 수 있는 가장 불행한 사태인 인류지간의 갈등과 투쟁, 그로 인해 비롯되는 세계 파멸의 위험을 철저히 차단할 수 있는 멋진 삶의 방식이 아니고 무엇이겠는가!

이 책에서 우리는 나름대로 마르크스 사상에 대한 통합적인 견문을 크게 넓힐 수 있을 것이라고 본다. 물론 어떤 이는 마르크스와 엥겔스가 창시한 마르크스주의를 두고 지금에 와서는 역사의 유품 내지는 박물관의 골동품 정도로 여기고 있지만, 알고 보면 실상은 꼭 그런 것만도 아니다.

이 사상은 일방적인 자본주의 체제가 지니고 있는 약점을 간파했을 때, 그것을 보완하고 새로운 미래세계를 재건토록 하는 데 나름대로 가치 있는 요소를 제공해 줄 수 있다고 여기는 이들이 근자에 와서는 그 수효가 부쩍 늘었다는 사실에 주목할 필요가 있다. 특히 좌파 성향의 인물들이나 진보주의자들은, 앞에서도 언급했듯이, 이 사상을 단순히 자본주의에 대한 비판 기준을 넘어서서 그 대안책으로 삼으려는 태도까지 보이고 있다. 이처럼 적지 않은 사람들이 이 점을 믿고 그렇게까지 행동하고 있는 한, 마르크스 사상은 결코 역사의 뒤안길로 쉽게 사라지지 않을 것으로 보인다. 후기 마르크스주의가 태동하여 이 운동에 참여하려는 자들 역시 날로 늘어나고 있다는 사실은 어떤 면에서 이 점을 잘 반증해 주고 있다 하겠다.

그렇다고 해서 우리가 마르크스적 정치 경제 체제를 건설하고 구축해 보자는 구호를 외치자거나 그런 형태의 취지나 의향을 내보이려는 속셈은 손톱만큼도 없음을 분명하게 말해 둔다. 알다시피 인류는 지난 세기 내내 그 쓰디쓴 잔을 들이키며 얼마나 힘겨워했는지 또 각고의 세월 속에 얼마나 많은 눈물을 흘렸는지 너무나 잘 알고 있는 까닭이다. 이 같은 어둠의 터널을 빠져나온 지 이제 겨우 얼마 되지도 않은 터, 다시는 역사의 수레바퀴가 헛돌아 극단적인 모험의 장과도 같던 잘못된 사변의 수렁에 결코 빠져드는 일이 없길 무엇보다도 간절히 염원하는 바다.

1917년 볼셰비키 혁명 이후 80여 년에 걸쳐 세계 인구의 3분의 1을 알 수 없는 장막과 미로에 가두어 둔 채 그 위력을 음양으로 과시한 이 사상은 수많은 사람들을 세뇌시키고 고귀한 삶을 멋대로 좌지우지했음을 지난 세대를 살아온 사람들이라면 너무나 잘 알고 있다.

지금도 진보라는 이름 하에 좌파적 이념을 지닌 이들은 마르크스 사상에서 빗나간 주사파적 무기를 손에 넣고 마치 새로운 세계를 창조하려는 의도를 게시(揭示)하려는 바 농후하니, 도대체 이게 사실이라면 그렇게 하게끔 하는 힘이 무엇이며 그런 의지는 어디서 비롯된 것인지 또 그 허구성은 어떤 것인지를 면밀히 조사할 필요가 있다. 거기에는 분명 마르크스 사상과 연관된 부분도 있고 인위적이며 날조된 사고들도 마구 뒤섞여 있다. 이런 잘못을 만천하에 폭로하기 위해서라도 마르크스 사상의 추이를 제대로 짚고 넘어가야 할 때가 바로 지금이 아닌가 싶다.

마르크스 사상은 결코 시대착오적인 이론이라고 단정지을 수만은 없다. 요즘처럼 자본주의의 한계성이 드러나고 경제적 위기뿐 아니라 정치, 사회 및 여러 분야에서 전에 없는 위기감이 팽배할 시, 어쩌면 이를 직시하고 변화를 유도하며 자극하는 유일한 도구처럼, 사람들이 이미 사라졌다고 생각한 몸체를 슬그머니 세상에 드러내며 위세를 떠는 사상이 바로 마르크스 사상이기 때문이다. 오죽하면 이 사상과 관련하여 유령이란 말이 난무하겠는가?

이 사상은 지금 이 순간에도 귀신의 모습을 하고 자본주의의 등걸에 슬그머니 걸터앉아 숨막히게 요동치는 자본주의 사회의 흐름을 감시한다는 의미에서도 새롭게 조망할 필요가 있다. 그렇게 할 때에만 인류는 위험한 돌다리를 두드리고 건너면서 새로운 미래세계를 창출할 사상, 정치, 경제, 사회, 문화, 교육 등의 정의로운 지평을 활짝 펼쳐 보일 수 있을 것이다.

2. 헤겔에서 마르크스로

1) 헤겔 우파와 좌파

헤겔이 사망했을 때 사람들은 하늘의 별이 떨어졌다고 할 만큼 깊은 슬픔에 잠겼었다. 라이프니츠의 죽음이 사람들에게 내쳐진 죽음이었다면 헤겔의 죽음은 이와는 정반대였다.

한마디로 말해 헤겔 사상은 살아생전에 엄청난 개가를 올렸던 게 사실이다. 그렇다고 해서 헤겔 사상이 그의 제자들이나 후계자들에게서 전폭적인 지지를 받은 것은 아니었다. 그의 사상을 두고 생겨난 학파들 간에는 날카로운 논쟁이 끊일 날이 없었다.

이런 현상은 헤겔이 살아 있을 때에도 마찬가지였다. 셸링은 그런 논쟁의 선두에 선 주자였다. 1831년 헤겔이 사망한 후 논쟁은 걷잡을 수 없을 정도로 거세어졌고 그 폭도 커져만 갔다. 더구나 당대의 프러시아에서는 정치, 사회, 종교와 관련된 특이한 상황 전개로 말미암아 논쟁은 날이 갈수록 복잡한 양상을 띠게 되었다.

헤겔은 생전에 헤겔학파의 논쟁으로 인한 분열을 자신의 강한 성격을 바탕으로 중재하고 일치시킬 수 있었다. 그렇지만 시간이 흐르면서 사정은 달라졌다. 헤겔학파는 슈트라우스(D. Strauss)가 사용한 용어대로 어느 순간에 이르러서는 우파와 좌파로 갈라졌다. 이 같은 분열은 헤겔주의자들이 스승의 사상에 대한 해석학의 문제를 제각기 상이한 태도로 이해한 결과였다. 논쟁은 주로 헤겔 사상체계에 대한 '윤리-정치적 의미'와 '종교적 의미'라는 두 가지 사안과 관련된 것이었다.

괴셸(K. F. Goschel), 로젠크란츠(J. K. F. Rosenkranz),

콘라디(Konradi) 등과 같은 사람들로 채워진 우파는 국가에 대한 헤겔의 가르침을 토대로 보수적 정치관을 고수했고, 종교에 있어서는 교회의 공식적이며 전통적인 가르침을 헤겔 사상과 조화시키려 했다.

이와는 달리 좌파는 우파에 비해 훨씬 더 강력한 힘을 발휘하는 가운데 그 모습을 드러냈다. 대표적인 사상가로는 슈트라우스, 바우어(G. Bauer), 포이어바흐(L. Feuerbach), 슈티르너(M. Stirner), 마르크스(K. Marx) 등이 있다. 이들 좌파는 변증법적 역동성에 토대를 두고 정치적으로나 사회적으로 파괴적이고 공격적인 면을 드러냈다. 종교적인 측면에서는 헤겔의 이성을 강조하기도 하고(슈트라우스, 바우어), 관념론을 유물론으로 전복시키며(포이어바흐, 마르크스), 무신론자임을 자처함으로써 학파 내 적과의 동침을 철학 안에서 현실화했다.

2) 슈트라우스와 바우어의 성서 비판

이 두 사상가는 합리주의적 비판을 성서 주석에 적용한 첫 번째 인물들이다. 특히 슈트라우스는 『예수전(*Das Leben Jesu Kritisch berbeitet*)』(1835)이라는 작품으로 유명하다. 우리는 여기서 이 작품의 중심이 되는 사상을 요약함으로써 성서에 대한 그의 시각이 어떤 것이었는지를 파악할 수 있다.

『예수전』에 의하면 복음은 초자연적인 면에 있어서 결코 역사적인 것이 아니라 신화를 말하는 것에 불과하다. 다시 말해 복음은 상상력의 형식을 빌려 철학적 진리를 말하는 것이다. 예수는 신이 아니다. 그리고 아무런 기적도 행하지 않았다. 실상 신은 기적을 행할 수가 없다. 왜냐하면 신이 기적을 행하게 되는 경우, 그 신은 자신이 설정한 불변적인 자연법을 거스르는 모순적인 결과를 낳기 때문이다.

한편 신화는 한 개인의 창조물이 아니며 원시교회의 정신(animus)을 표현한 것에 불과하다. 이 안에서 원시교회는 자신의 신앙을 사적으로 표출한 것이다. 정확히 말해 신화는 거짓을 말하는 것이라고 볼 수는 없지만 역사적인 것이라고 말할 수는 없다. 그것은 철학적인 실재를 표현하는 상징들에 불과하다. 예컨대 예수는 전 인류의 상징으로 그 안에는 두 개의 본성이 서로 일치하고 있다. 그것은 감각적 모친과 초감각적 부친의 아들로 나타난다. 이는 자연과 정신의 일치를 말하는 것이다.

이 같은 슈트라우스와 바우어의 주장은 예수의 역사적 실존을 부정하는 것으로 낙착된다. 이런 주장은 이미 헤겔이 인간을 신으로 변형시키는 전대미문의 사고에 기반을 둔 데서 비롯된다. 헤겔은 무한자(無限者)라는 그리스도교가 말하는 완성의 가르침을 절대정신이라는 언어로 변조시킴으로써 종래의 전통철학에 반기를 든 상태였고, 이는 그를 따르는 제자들에게 얼마든지 있을 수 있는 무한자와 유한자의 변형을 초래하고 말았다.

3) 슈티르너의 개인주의적 무정부주의

슈티르너는 『유일자와 그 소유(*Der Einzige und sein Eigentum*)』라는 저서에게 극단적인 개인주의적 무정부주의의 형식을 옹호한다.

그에 의하면 실제로 존재하는 것은 개인뿐이다. 이런 주장은 키에르케고르의 주장과 유사한 점이 있다. 슈티르너에 의하면 내가 관심을 두는 개인은 '나', '유일자'이다.

존재하는 유일자가 아닌 모든 것은 파괴되어야 한다, 특별히 신은 파괴의 대상이다. 신을 대체하는 모든 것은 인간(포이어바흐)과 국가(마르크스)다. 인간은 '나'다.

이는 마치 이 땅에서 근대화의 물결에 합세한 동학사상의 인내천(人乃天) 사상과도 흡사하다. 신이 곧 인간이며 인간이 신이라는 사상은 신중심주의의 기세를 잠재우고 인본주의의 터전을 마련하고자 했다는 점에서 새롭게 평가될 수 있으나 전통적 초월사상을 거부하고 자아의 초험주의(超驗主義)를 진작시켰다는 면에서는 예기지 못한 혼란을 가져온 것이 사실이다.

이 같은 슈티르너의 가르침은 사상과 이념에 대항하여 투쟁할 것을 선동하며, 단 하나만이 사유에서 나를 구제한다고 못박았다. 그것은 곧 사유의 부재(不在)인 것이다.

이런 사상은 사고 없는 현대판 철학의 전형적인 예고편이라 할 수 있다. 실체(實體, Substantia)가 부재하고 모든 것이 즉

흥적이며 감정 위주의 형식에 편입된 현 시대 길거리 사람들의 신조는 아무런 근거도 없는 것에서 유래한 것이 아니다. 바로 이런 종류의 철학적 흐름의 결과에서 파생되어 그 광적인 몸짓을 폭발적으로 표현하고 있는 것이다.

4) 포이어바흐의 무신론적 인본주의

포이어바흐는 애초엔 헤겔의 제자로 스승을 열렬히 추종했던 것이 사실이지만, 얼마 지나서부터는 스승인 헤겔의 사상을 가차없이 비판하기 시작한 인물이다. 흥미 있는 점은 그가 헤겔적 해석의 범위를 벗어나지 않으면서 그 주요한 이론들을 몽땅 뒤집었다는 사실이다. 포이어바흐가 남긴 주요 저서로는 『그리스도교의 본질(*Das Wesen des christentums*)』(1841)이 있다.

그의 사상의 중심은 다음 두 가지 명제로 요약될 수 있는데, 하나는 "참된 실재는 물질이다"라는 것이고, 다른 하나는 "신학은 인간학이다"라는 것이다.

헤겔주의자들의 일차적인 관심사는 종교였다. 그러나 포이어바흐에게 있어서 이 점은 예외적인 것이었다. 불가코프(Bulgakov)는 포이어바흐를 대신해서 말하기를 "나의 생애는 신에게서 고문받는 것이었다"라고 할 만큼 그는 아예 종교사실(宗教事實)을 부정적으로 이해했다.

기실 포이어바흐에게 있어서 종교문제는 신에 관한 이데아의 기원에 제한되었다. 문제 해결은 언제나 헤겔주의적인 분위기 안에서 전통적인 가르침을 부정하고 전복시키는 일이었다. 유물론, 무신론, 인본주의는 포이어바흐의 철학에 있어 세 가지 중심이 되는 이론이다. 이러한 사상을 소유하고 있던 포이어바흐만큼 마르크스에게 깊은 영향을 끼친 사상가도 없을 것이다.

헤겔과 포이어바흐가 마르크스 철학이론에 주요한 영향을 끼친 사상가라면, 마르크스 사상은 19세기의 전반 50여 년의 통속적인 문화와 당대의 경제, 사회, 정치 생활에 그 뿌리를 깊이 내리고 있음을 유념해야만 한다.

특별히 콩트에 대항하는 마르크스와 엥겔스의 논쟁에도 불구하고 실증주의 정신은 마르크스주의에 커다란 영향을 끼친 게 사실이다. 즉 실천적인 것에 큰 비중을 두는 점과 이론적이고 정신적인 것에 비해 물질적인 것에 중요성을 두는 점이 바로 그것이다.

그리고 1859년 다윈(C. R. Darwin)의 걸작품인 『종의 기원』이 런던에서 출간되었는데, 바로 살아 있는 존재 안에서 바라보던 다윈의 진화론적 역동성은 마르크스의 수요 이론이 형성되는 데 있어서 커다란 영향력을 행사하였다. 특히 그것이 마르크스의 변증법적 유물론을 뒷받침하는 강력한 이론으로 부상했던 터이다(물론 진화론은 다윈의 작품 이전에 널리 보급되어 있었던 것이 사실이다).

제1부

변증법적 유물론

제 1 장

마르크스주의 철학

1. 철학의 의미와 기능

변증법적 유물론은 마르크스-레닌 당계의 개념이다. 변증법적 유물론이라 칭하는 이유는 자연현상들을 고찰하는 방식과 그 현상들을 탐구하고 이해하는 방식이 변증적이기 때문이며 또한 이러한 현상들에 대한 해석과 개념 그리고 그 이론이 유물론적이기 때문이다.[1]

변증법적 유물론은 마르크스주의 철학이며 혁명적 노동 개

1 G. Stalin, *Del materialismo dialettico e del materialismo storico*, Edizioni in lingue estere, Mosca, 1947, p.5.

념의 철학적 이론이다. 또한 변증법적 유물론은 마르크스주의자들의 정치, 경제에 관한 가르침일 뿐만 아니라 과학적 사회주의와 마르크스주의자들의 운동에 있어서 전략과 전술이 되는 기본 이론이다.

마르크스주의자들에 의하면 철학에 있어서 문자상의 의미, 즉 '지혜에 대한 사랑'은 철학의 의미와 내용, 과제를 완전하게 규명할 수 없다. 따라서 철학은 실재와의 본질적인 관계에서, 특별히 인간 인식이 지닌 모든 형식과의 관계 안에서 정의되어야 한다.

이 같은 문제와 관련하여 철학은 세계를 제각기 달리 해석해 왔다. 마르크스에 의하면 이제는 세계를 해석이 아닌, 그것을 변화시킬 때라고 본다.[2]

혁명적 행동과는 무관하게 그 자체로 고찰되는 철학은 아무런 쓸모도 없는 말장난에 불과하다. 그 대신 인간 실천의 발로에서 이끌어진 철학은 사회혁신과 변형의 원천이 된다.

철학의 과제에 대한 이 같은 개념의 전도는 마르크스주의 창시자들이 유물론적 변증법을 다듬는 가운데 그 모습을 드러냈다. 변증법적 유물론은 과거의 철학적 반성에 있어 가장 의미 있는 주장들에 그 기반을 두고 있다.

마르크스주의자들에 의하면 이 유물론이야말로 철학의 새

2 K. 마르크스, 『포이어바흐에 관한 테제』, 11.

롭고 질적인 상위적인 변혁을 사람들에게 효과 있게 알려준다. 이는 인간 사변의 정상을 가리키며 수천 년에 걸친 수고스러운 탐구와 지성적 방황을 거친 다음에서야 비로소 도달하게 된 정점으로 기록된다고 그들은 믿고 있다.

한마디로 이것은 모든 시대에 걸쳐 걸러진 사변의 결정적인 결과다. 왜냐하면 이 가르침은 유물론과 관념론이라는 세계의 중심이 되는 두 사상의 근본적인 흐름들이 결정적으로 융합되면서 생겨났기 때문이다.

변증법적 유물론은 여러 철학 중의 하나가 아닌 유일하고 참되며 전능한 철학이다. 실제로 레닌은 마르크스의 가르침이 전능하다고까지 여겼다.

2. 철학의 근본 물음

마르크스주의에 의하면 철학이 해결해야 할 근본 과제는 사유와 존재, 정신과 물질 간의 관계에 대한 것이다. 과연 물질은 일차적인 것이고 정신은 물질에서 유래하는 것일까? 아니면 정신이 원천적이어서 물질은 정신에서 비롯되는 것일까?

이 문제에 주어진 해결책에 따라 철학의 가르침은 크게 두 갈래로 양분된다. 즉 유물론과 관념론이 바로 그것이다. 그리고 제3의 해결책은 있을 수 없다. 다시 말해 이원론적 해결책은 있을 수 없는 것이다.

유물론은 모든 실재의 원천이 되는 원리가 다름 아닌 물질이라 여긴다. 존재하는 모든 것, 우리를 둘러싸고 있는 세계 그리고 세계 안에 있는 것은 물질에 의해 지배될 뿐 아니라 원천적으로 물질에 의해 발전한다. 물질은 창조되지 않으며 영원하다. 또한 물질은 세계 밖에 존재하는 어떤 상위적이고 초월적인 세계의 힘에 의지하지 않고 모든 것을 설명할 수 있는 위력을 지닌다.

그 대신 관념론은 모든 실재의 원천적 실재가 다름 아닌 정신, 즉 사유라고 본다. 사유는 물질, 자연 그리고 세계보다도 훨씬 앞서 존재하며 물질과 자연세계와는 별도로 존재한다고 주장한다. 이런저런 주장으로 인해 관념론은 물질의 영원성을 부정하고 자연은 시간 안에서 그 시초를 가졌다고 보며 세계는 창조되었다고 주장한다.

마르크스주의에 의하면 제3의 해결책, 즉 이원론적 해결책은 있을 수 없다. 이원론은 관념론과 유물론의 혼합을 원천적인 것으로 제시하려는 하나의 술책과 변명에 불과하기 때문이다. 물질과 정신은 서로 간에 근본적으로 차이 나는 것이다. 결국 이원론은 모순적인 해결책 외에 다른 것이 아니다. 그리고 그것은 문제의 해결책이라기보다는 철학에 있어 일관적이지 못한 부조화적인 표현에 불과하다.

아무튼 철학에 있어서 마르크스주의가 내세우는 문제에 대한 근본 해결책은 유물론에 입각한 것이다. 이러한 유물론은 변증법을 내포하고 있는 까닭에 이른바 통속적 유물론이나 기계론적 유물론과는 같지 않다.

3. 인식의 문제

철학의 근본 문제와 더불어 거기에는 또 다른 인식의 문제가 뒤따른다. 인식 문제는 우리 지성에 의한 실재 세계에 대한 지식의 가능성에 관한 문제, 세계와 인간 사유에 관한 문제다. 마르크스주의에 의하면 이 문제 역시 유물론과 관념론 사이에 근본적인 모순이 있음을 강조한다.

마르크스주의에 의하면 이 문제에 관한 올바른 해결책은 유물론을 떠나서는 주어질 수 없다. 세계가 물질적으로 존재한다는 것을 인정하는 자만이 또 그러한 한에 있어서만 세계는 인간 의식 안에 진실로 반영되며, 세계와 그 세계를 다스리는 법칙들을 알기 위한 적합한 상태에 놓인다.

그러나 관념론적인 견지에서 방황하는 자는 문제의 요청들을 통합적으로 해결할 수 없는 상태에 빠진다. 그는 부분적인 해결책들만을 제시할 따름이다. 불가지론(不可知論)의 경우처럼 여타의 지식의 가능성도 부정할 것이다. 관념론은 세계에 대한 인식 가능성을 주장하는 경우에도 인간 지식을 바보로 만든다. 왜냐하면 플라톤이나 플라톤 주의자들의 경우에서처럼 초월계, 초월적 실재로부터 인간 인식이 유래되는 것으로 만들어버리기 때문이다.

또 다른 이유가 있다면 그것은 헤겔이나 헤겔주의에서처럼 '주관적' 지평 안에 인간 인식을 불법적으로 강매하기 때문이다. 헤겔이나 헤겔주의에서는 인간 안에서 자기 자신을 인식하고 인식을 절대정신에 의해 창조된 세계인 절대관념의 자기의식으로 몰고 간다.

모든 형태의 관념론과 불가지론에 반대하여 마르크스주의는 유물론과의 완전한 접착관계 안에서 세계를 인식하는 인간 지성 능력을 선택하며 인간의 창조적 힘과 사회발전에 대한 거대한 신념을 지닌다. 이러한 가능성을 포기한다는 것은 과학의 자료들을 거부하는 것을 의미하며 신앙의 자료들로 되돌아감을 의미한다. 또한 그것은 자본주의적인 노예생활로부터 본래적 해방의 양식을 인식하는 가능성이라 할 수 있는 노동계급을 포기하는 것이기에 이러한 노예생활로부터 벗어나는 것을 마다하는 격이 된다.

이 같은 면에서 유물론과 관념론은 각각 진보주의적이며 반동주의적인 경향과 동의어가 된다. 관념론에 대한 허용은 전적으로 노동계급과 반동주의적인 세력에 대한 무조건적 배신이다.

여기서 우리가 말하는 유물론은 17-18세기의 기계론적 유물론이나 19세기의 통속적 유물론과는 다르다.

마르크스의 유물론은 사유에 대한 형이상학적 형식을 포기하고 대신 변증법적 방법론을 채택한다. 이 유물론은 현상들을 불변적인 실체들로 고찰한다. 이 이론은 현상들이 서로 간에 맺고 있는 고리 안에서 현상들을 수집하며 계속적인 현상들의 운동 안에서 또 그것들의 모순적인 발전 안에서, 성장 안에서, 그것들의 소멸 안에서 현상들을 바라본다.

마르크스주의자들에 의하면 유물론은 혁신적인 이론이다. 왜냐하면 모든 사물은 계속적이며 근본적인 움직임 안에 있기 때문이다. 낡은 것, 잠시 지나가는 것, 극복된 것은 필요 불가결하게 새로운 것, 진보적인 것으로 이행할 수밖에 없다.

4. 실재에 대한 '반성'으로서의 인식

1) 사유와 실재 간의 관계

철학은 일반 법칙을 연구한다. 즉 실재(實在)의 발전이나 인식의 발전을 연구한다. 이와 관련하여 철학은 인식의 발전 법칙들이 실재의 발전 법칙임을 발견한다. 사실 인식한다는 것은 다른 어떤 것이 아닌 실재에 대한 반성, 실재를 긍정하는 법칙, 인식을 규정하는 법칙들인 것이다.

이것이 의미하는 바는 무엇일까? 이는 실재가 계속적인 운동과 변화 속에 있고, 그러한 실재를 반성하는 개념들과 범주(範疇) 역시 계속적인 운동과 변화 속에 있다는 점에서 운동과 변화 속에 있는 실재 사체에 대힌 반성 외에 다른 것일 수 없다는 것을 의미한다.

이는 논리적 범주와 우리 인식의 기초에 있는 개념들이 사유의 산물이거나 인간 정신의 환상적인 건축물이 아님을 말해 주며, 오로지 동일한 역사과정과 관련된 실재의 '보편화된 반성'이라는 것이다.

마르크스가 『자본론』에서 자본주의 기초에 놓여 있는 '상품', '화폐', '자본' 개념 혹은 범주들을 설정하였을 때 그것들(범주들)은 그의 사유의 산물이 아니라 자본주의에 대한 객관적 분석에 의해 얻어지는 것이었다(내부의 모순, 결정적 사라짐). 자본주의는 자기 안에 그러한 범주들의 고리와 모순을 지니고 있다. 상품이라는 개념 안에는 모순들이 포함된다. 이러한 모순의 발전은 화폐 개념으로 나아가며, 마침내는 자본이라는 개념에 도달한다. 이러한 상품-화폐-자본이라는 범주는 사유에 대한 주관의 건설이 아니라 자본주의 역사적 발전 과정을 객관적으로 반성한 것이다.

2) 변증법적 탐구 방법

모든 학문은 나름대로의 고유한 범주를 지니고 있다. 그 범주는 다른 학문의 분야에서는 더 이상 가치를 갖지 못하고 고유한 학적 영역 안에서만 그 가치를 지닌다. 예컨대 상품-화폐-자본은 물리학이나 화학에서가 아닌 정치학, 경제학의 분야에서 그 가치를 지닌다.

그러나 철학은 모든 학문에 대해 가치를 발휘하는 범주를 지니고 있다. 학문들이라고 말할 때, 그것은 '실재의 모든 분야' — 여기에 대해 제각기 연구하는 특수 학문들이 있음 — 에 대해 유일한 것이다. 사실 학문은 실재의 모든 현상의 기저에 놓여 있는 법칙 일반을 표현한다. 그런 한에 있어서 학문은 사유의 도구가 되며 세계에 관한 지식의 단계 혹은 형식 일반이 되기도 한다. 예컨대 '법칙', '필연성', '모순', '실체와 형상', '원인과 결과', '내용과 형식', '가능성과 현실성'과 같은 개념과 그 밖의 다른 여러 개념들은 모든 학에 적용된다. 그 어떤 학문도, 그 어떤 학자도 특수 학문 분야에 남아 이러한 개념들을 다듬어낼 수는 없다. 모든 학문은 그러한 개념들을 유익하게 사용하지만 유일하게 철학만이 그런 개념을 이끌어낼 수 있다.

철학은 개별 학문의 고유한 문제에 대해 미리 꼭 맞는 해결책을 제시해 주지는 못한다. 철학은 단지 실재에 대한 가장 차이 난 의견만을 제시해 줄 뿐이다. 따라서 철학은 그러한 해결책을 모색하기 위한 적합한 방법을 강구해야만 한다.

그렇다면 그러한 방법은 무엇인가? 적합한 방법론은 변덕스러운 방법으로 설정될 수 없으며 주관적 판단의 결과여서도 안 된다. 그것은 실재에 대한 분석이어야 하며 객관적인 세계에 대한 법칙을 반영하는 것이라야 한다. 또한 그것은 연구된 실재와 평행선을 긋는 가운데 사유를 도출해 내야만 한다. 따라서 적합한 방법론은 변증법적 방법론이다. 즉 실재에 대한 발전 일반인 변증법에 입각한 것이어야 한다.

변증법적 유물론은 인식 방법과 세계에 대한 조사 행위로도 나타난다. 그것은 앎의 모든 영역에 있어서 사유에 관한 통합적인 이론을 학문으로 하여금 갖추게끔 한다. 따라서 그것은 과학적이며 일반적인 탐구 방법인 것이다.

5. 변증법적 유물론과 사회과학

학문은 이 같은 방법론을 포기하거나 뒤로 물러서서는 안 된다. 만일 학문이 변증법적 유물론의 철학을 포기하게 된다면, 탐구 방법이나 인식 방법은 그로 인해 학문의 과제와는 양립할 수 없는 수준으로 격하되고 말 것이다. 철학은 사실들에 대한 분류와 기술에 한정될 수 없으며, 오직 같은 사실에 대한 해석과 법칙 그리고 이론적인 결론이라는 공식화로 격상되어야 한다.

여기서 말하는 법칙과 결론들은 세계에 대한 개념 일반 그리고 인식이론과의 완전한 공감대를 형성하는 것이다. 그렇지 않으면 불가지론 혹은 무익한 실재의 분석에 대한 노력에 불과할 뿐이어서 단죄받을 것이다. 학자는 그가 누구이든지 — 물리학자, 생물학자, 화학자, 사회학자이든지 간에 — 철학 없이는 학자가 될 수 없고 또 그런 상태에서는 자신의 학문을 이끌어 갈 수 없다.

문제는 어떤 철학이 참으로 요청되는 철학인가 하는 점이다. 즉 과학적, 유물론적인 철학인가 아니면 관념론적인 철학인가. 그것도 아니면 절충적인 철학인가. 즉 유물론이나 관념론적 요소에 오염된 철학인가.

적합하고 유일한 철학은 사유와 과학적 탐구에 있어서 세기적 발전의 결정적 결과인 변증법적 유물론이다. 관념론적, 피상적, 절충적인 사유의 산물을 이용하는 여타의 모든 철학은 부르주아지 세계 안에서나 지배적인 철학일 뿐이다. 그것은 실재를 이해하는 데 있어 완전한 학문적 발전을 보장해 줄 수 없다. 실재의 이러저러한 분야에서 학자가 참된 유물론적 철학관을 지닌다면, 부르주아적이며 반동적인 관념론의 공격에 대항할 수 있으며 관념론이라는 장애물에서 벗어날 수 있을 것이다.

6. 마르크스 철학: 혁명적 프롤레타리아트의 이상주의적 무기

당대의 철학적 흐름에 가해진 마르크스-엥겔스의 비판은, 지금까지의 철학이 사회를 괴롭힌 실천적이며 실제적인 문제들을 해결하기 위해 하강하지 않는다는 것이었다. 노예생활의 실질적인 사슬은 실천적 활동, 즉 계급투쟁 — 순수 관념적 활동이 아닌 — 에 의하지 않고서는 끊어버릴 수 없는 것이라고 본다.

마르크스와 엥겔스에 의하면 헤겔 철학은 사유 안에 존재하는 특별한 관념의 고리 안에서 사유 밖에 객관적으로 존재하는 실재의 고리를 제시하는 데에 있었다. 따라서 구체적이며 실질적인 투쟁을 요청하기보다는 순수 관념들의 투쟁을 요구한다. 따라서 헤겔 철학은 비실질적인 철학이다.

마르크스 철학에 의하면 노예상태의 물질적 힘은 역시 물질적 힘이 아니고서는 극복할 수 없다. 여기서 마르크스 철학은 세계를 설명하고자 노력한다. 그러나 거기에 그치지 않고 무엇보다도 세계를 변모시키고자 한다. 그러기 위해서는 철학이 프롤레타리아트 안에서 그 물질적인 무기를 발견해야 한다. 이와 마찬가지로 프롤레타리아트는 철학 안에서 자신의 정신적 무기를 발견해야만 한다.

철학은 이제 지상에 안착하여 '인간 노동' 안에 자리해야 한다. 그때 프롤레타리아트는 철학을 이해하기 시작한다. 그리고 동시에 철학은 프롤레타리아트를 이해해야만 한다.

마르크스-엥겔스의 역사적, 이론적 공헌은 그들이 순수 사변으로부터 실질적인 사회조건에 관한 용기 있는 분석으로 나아갔다는 데에 있으며 엄격하고 과학적인 변증법적 방법론을 사회 분석에 적용했다는 점에 있다. 두 사상가는 자본주의 체제가 그 가슴에서 "무덤을 파는 자들"을 토해 내고 있으며, 결국 사회주의는 사회의 필연적 발전의 결과라고 보기에 이르렀다. 사회주의의 여명과 자본주의의 사라짐은 전 실재의 계속적인 발전과 혁신이라는 법칙 일반과 완전한 조화를 이룬다.

제 2 장

마르크스 철학의 유물론

1. 물질

> 하나이며 존재하는 만물과 동일한 이 우주는 그 어떤 신이나 인간이 창조한 것이 아니라 늘 존재하였고 또 영원히 살아 있을 것이다(에페소의 헤라클레이토스).

헤라클레이토스의 이 표현을 두고 레닌은 "자연의 변증법적 이해를 위한 매우 훌륭한 원시적 설명"[1]이라 여겼다.

사실 마르크스 철학의 출발점은 모든 초월적인 실재의 부정이다. 그러면서 유일하고 영원한 물질, 영원한 운동 중에 있는 물질의 객관적 존재를 인정함이다.

1 레닌, 『마르크스 철학의 기초』.

그리스도교에 있어서 신, 절대정신, 초월적 존재는 마르크스주의에 있어서는 물질이다. 물질은 모든 실재와 전 우주의 원천이요 중심이다. 정신, 인간의식, 절대정신은 마르크스주의에 있어서는 인간의 병적인 투사(投射, projection)에 불과하다. 모든 관념론적 철학이 주장하는 바와는 달리 마르크스주의는 전 실재, 우주가 본래 물질이라는 원리에 입각해서 출발점을 취했다고 본다.

이러한 마르크스 철학의 학설은 결코 단순하지 않은 다음과 같은 세 가지 명제로 요약될 수 있다.

(1) 무한한 에너지로 충만한 유일한 실재인 물질의 존재, 여기서 모든 것이 나오고 만물은 이것을 통해 설명된다.

(2) 인간의 정신적 활동을 인정하기는 하지만 어디까지나 그것은 물질에 종속되고 물질에 의해 생산된다.

(3) 물질과 분리된 독립적인 여하의 모든 정신적 실체를 거부한다.

1) 물질의 존재와 실재

물질은 존재한다. 물질은 모든 것이다. 그리고 물질은 모든 것을 설명한다. 이런 사실들은 물질에 관한 탐구에서 드러나는 첫째가는 확고한 점들이다. 고전철학에는 존재 개념과 더불어 발생하는 유사한 물질 개념이 있다. 존재는 정의할 수 없는데, 이유는 그 어떤 것으로 존재를 정의하고자 할 때 그것은 늘 존재로 남아 있기 때문이며 그 악순환에서 벗어나지 못하기 때문이다. 마르크스주의에 있어서 물질은 존재와 동의어다. 레닌은 이러한 물질이나 의식과 같은 최대의 연장(延長) 개념에 대해 언급할 때 정확한 정의를 내리는 것이 불가능하다고 보았다.

물질은 기본적인 그 고유성 안에서 수용토록 함으로써 우리는 물질에 관한 정의 문제에서 벗어날 수 있다. 이 고유성에 있어서 가장 본질적인 것은 의식과 감각작용, 정신, 존재 밖에 독자적으로 존재하는 고유성이다. 레닌은 바로 이런 관점에서 물질을 정의하는데, 이를 두고 모든 마르크스주의자들은 과학적이라고 여기기에 이르렀다.

의식으로부터의 독립은 물질의 본질적인 속성이다. 물질의 객관성은 유물론의 본질을 구성한다.

레닌에 의하면 물질은 인식 가능하다. 이것은 대단한 중요성을 띤 면들 중의 하나다. 즉 인간은 인식과정에서 감각작용과 지각을 관찰하지 않고 단지 물질계의 현상과 사물들을 관찰한다.

물질은 감각작용을 통해 인간에게 소여(所與)된다. 따라서 물질에 관한 인간 인식의 가능성은 무제한적임이 따른다. 모든 것은 인식 가능한데, 이유는 모든 것이 물질이며 물질은 감각에 의해 인상지어지기 때문이다.

2) 인간의 정신적 활동에 대한 인정

위의 주장과는 상반되게 마르크스주의는 인간에 있어서 정신활동의 존재를 중요한 것으로 취급한다. 마르크스주의는 정신활동을 물질의 산물로, 그러면서도 물질에 종속되는 것으로 바라본다.

마르크스는 그의 『자본론』에서 거미는 직조공이 하는 일과 매우 유사한 일들을 해내며, 벌들이 벌집을 만드는 것은 건축가들을 부끄럽게까지 할 정도라고까지 말한다. 그러나 그는 가장 형편없는 건축가가 가장 뛰어난 벌보다는 낫다고 평가한다. 왜냐하면 건축가의 경우 일련의 작업과정이 이미 그의 사고 안에 현존하고 있기 때문이다.

이렇게 볼 때 마르크스주의는 정신활동을 인정하고는 있지만 그것은 어디까지나 물질의 종속관계 안에서 긍정될 뿐이다. 이는 인간의 정신적인 활동의 역할 없이는 실재의 황무지와도 같은 유물론적 개념에서 솟아나는 결정론(決定論)의 철칙을 극복할 수 없는 것처럼 보인다. 대신 정신활동을 끌어들임으로써 비록 그것이 물질의 품 안에서 자라나기는 하지만 물질에 대해 다시 행위할 수 있다. 그러나 최종적으로 승리하는 것은 물질이다. 왜냐하면 물질은 정신적 존재를 산출하기 때문이다. 인간 활동의 복합적인 역할 안에서 많은 과정들은 정신의 현존과 영향 없이는 달리 설명될 수 없다. 그렇지만 정신은 어디까지나 물질의 산물이며 소산이고 결과다.

3) 여하한 정신적 실체를 거부함

인간 안에서 정신적 가치들에 대한 인정이 마르크스주의자들의 품 안에 자리하고 있는 것이라면, 그들의 가슴 깊숙이 자리하고 있는 것은 정신적 실체, 인간 영혼, 분리된 정신, 절대정신을 거부함이다. 마르크스주의는 정신적 실체들을 부정하는 데 만족하지 않으며 오히려 온갖 노력을 다해 그러한 실재들이 환상적인 구조임을 논증한다. 레닌에 의하면 그것은 성직주의의 발치에 있는 것이고, 거기에서 가난한 자들을 거슬러 부자들의 강도짓을 옹호하며 또 그런 행위를 영구적이게끔 한다고 본다.

엥겔스는 영혼, 정신, 신에 대해서도 말하기도 하지만 단지 그러한 것들의 "인간적 기원(human origin)"에 대해 강조하는 것으로 만족해한다. 그는 그것이 어떻게 생겨났는지에 관해 마치 목격한 사람처럼 말하고 있다. 그것은 단순한 부정에 그치지 않고 인류의 집단적인 바보스러움이 어떻게 생겨났는지에 관해 과학적으로 논증하려는 노력이었다. 그렇게 함으로써 그는 어리석은 짓과 근거 없음을 강조할 수 있었다.

마르크스주의에 있어서는 물질이 존재하는 한에 있어서만 정신에 대해 말할 수 있다. 그 반대는 성립하지도 않으며 불가능한 일이다. 영혼, 정신, 신은 우리 정신활동의 오류적인 투사다. 사물의 실재 안에서는 그 어떤 것도 이것들과 일치하고 있지 않다.

2. 물질과 운동

1) 운동의 본성

운동은 물질의 존재방식이다. 결코 그 어떤 장소에서도 운동 없는 물질이 존재했다거나 존재할 수는 없는 일이다. 모든 정지상태와 안정상태는 오로지 상대적일 뿐이며 운동이라는 서로 간의 규정된 형식과 관련하여서만 의미를 지닌다. 물질 없는 운동을 생각할 수 없는 것처럼 운동 없는 물질 역시 생각할 수 없다. 따라서 물질은 창조되거나 파괴될 수 없다. 운동 없는 물질상태는 가장 공허하고 가장 어리석은 이념들 중의 하나로 여겨진다.[2]

원자에서 별들의 세계로, 세포에서 사유로, 역사에서 사회로… 존재하는 모든 것은 운동 속에 존재한다. 운동은 물질의 영원한 존재양식이다. 물질이 소모될 수 없는 것처럼 운동 역시 비소모적이다. 운동의 무한한 다양성은 존재의 무한한 다양성과 일치한다. 움직임은 영원하고 비파괴적이며 비창조적이고 절대적이다.

---

2 F. 엥겔스, 『반뒤링론(*Anti-Dühring*)』, pp.65-66.

운동의 비파괴성, 비창조성에 관한 주장은 변증법적 유물론의 기본이 되는 주장 중의 하나다. 운동 없이 물질이 존재하지 않는 것처럼, 물질 없는 운동 역시 생각할 수 없다. 또한 물질 없는 사유도 생각할 수 없다.

> 물질에서 운동을 분리시키는 것은 객관적 실재에서 사유를 분리시키는 것과 같으며 외계로부터 나의 감각작용을 분리시키는 것과 같다.[3]

운동이 절대적이고 물질의 존재방식이라고 주장할 때 그것은 원래 정지나 안정 상태를 부인하고자 하지 않으며 모든 운동이 절대적임을 거부하려고 하지도 않는다. 그럼에도 정지나 안정 상태는 자연적, 상대적으로 이 물체 혹은 저 물체에 주어진다. 마차를 타고 가는 여행자는 기차를 타고 가는 다른 여행자에 비해 정지상태에 있다. 그러나 외부 대상들과 비교해 볼 때는 그것은 운동 중에 있다. 이와 같이 단일한 대상의 운동은 동일한 것에 비해 상대적이며 일시적, 순간적이기도 하다. 그러나 존재의 전체성과 비교해 볼 때는 절대적이다.

---

3 레닌, 『유물론과 경험비판론(*Materialismo ed Empiriocriticismo*)』, Roma, 1971.

2) 운동의 변형

> 물질의 비파괴성은 양적으로 뿐만 아니라 질적으로도 개념될 수 없다. … 물질은 영원한 주기 안에서 움직인다. 그것은 시간의 간격을 두고 종결되는 주기다. … 물질은 그 모든 변화 안에서 영원히 동일하게 남아 있고 그 속성들 중 어느 것 하나도 결코 상실하지 않으며 따라서 그것은 다시 다른 시간에, 다른 장소에서 그것의 가장 뛰어난 결실인 사유하는 정신을 창조해야 함을 확신한다.[4]

운동은 단순하게 기계적 변화의 형식에서 인간 사유를 포함한 사회적, 정신적 운동의 형식에 이르기까지 다양한 형태로 나타난다. 이것에서 저것으로 전이된다는 것, 공간적인 운동에서 정신적인 운동으로 나아간다는 것은 물질의 객관적 가능성에 다시 돌입한다는 것을 의미한다. 이러한 가능성이 부정되는 경우, 운동의 시초를 설명하거나 시간 안에서 운동의 영원성을 설명하기 위해서는 불가피하게 초세계(超世界, Ultramondana)의 창조적 형식에 의지해야 할 것이다.

사실 인간을 포함한 우주는 사멸할 것이지만, 그것은 다시 살아나기 위해 죽는 것이다. 우주는 처음에 시작했던 것처럼

4 F. 엥겔스, 『자연의 변증법(*Dialettoca della natura*)』, Roma, 1971, pp.52-54.

물질에 생기를 불어넣고 재차 주어지는 영원한 충격에 의해서가 아닌, 물질이 지닌 본래적인 힘으로 인해 다시 소생할 것이다. 바로 이 물질은 양적, 질적 전이에 전적으로 동의하는 소재다. 다시 말해 기계적 운동은 사유의 운동으로 그리고 사유의 운동에서 모든 것은 기계적 운동으로 변환할 것이다. 그렇게 해서 세계의 힘에 의지하지 않고 주기와 전이는 영원토록 반복에 반복을 거듭할 것이다.

3) 공간과 시간

> 포이어바흐는 공간과 시간은 단순한 형상적인 형식이 아니라 존재의 … 본질적인 조건(Wesensbedigungen)이라고 말한다. 우주에는 운동 중에 있는 물질 외에 그 어떤 것도 존재하지 않는다. 그리고 운동 중에 있는 이 물질은 공간과 시간을 떠나서는 움직일 수 없다.[5]

공간과 시간이 존재의 본질적인 조건인 한에 있어서 그것들은 현상학적, 주관적인 형식이 아니다. 공간과 시간은 물질의 객관적, 실제적인 형식이다.

마르크스주의는 시간과 공간에 대한 칸트적이며 관념론적

---

5 레닌, 『유물론과 경험비판론』, p.180.

인 모든 개념을 거부한다. 그것들은 의식, 정신, 사유의 산물이 아니라 운동과 물질과 같은 객관적인 실재들이다.

공간은 물질의 운동을 위해 요구되는 근본 조건이다. 시간 역시 마찬가지다. 시간과 공간 개념은 각각 물질적 발전의 연속적 질서, 발전의 상이한 단계의 상호 구별을 가능케 한다. 그것들은 지속성, 발전 그리고 사물들의 상호 구별, 연장 및 다른 것과 비교하여 어떤 위계를 표현해 준다.

운동과 물질처럼 시간과 공간은 객관적일 뿐 아니라 영원하고 비창조적이며 무한하다. 이러한 속성들을 인정하기를 거부하는 것은 이 지상 세계 외에도 다른 천계(天界)가 존재함을 인정하는 것이며, 시간은 시간 밖의 다른 어떤 것에 의해 창조되었음을 인정하는 것이다.

한편 시공간은 물질의 존재형식이라는 한에서 객관적이며 실질적인 형식일 뿐 아니라 운동 중에 있는 물질과 불가분한 관계에 놓여 있다. 이는 물질이 시공간 밖에 존재하지 않는다는 것, 그리고 물질을 떠나서는 시간과 공간이 존재하지 않으며 존재할 수도 없음을 의미한다. 그리고 그것은 우리로 하여금 이 두 가지 고유성의 절대적이고도 상대적인 특성을 이해하게끔 해준다. 그것들은 개별 현상과 실재의 다양한 발전에 묶여 있으면서 발전과 현상들의 상대성에 참여한다는 점이다.

한편 물질 및 운동과 밀접하게 교류하면서 시공간은 물질과 운동의 절대성에 참여한다. 발전 속에서 과정들의 어떤 구체적인 조건들은 계속해서 변화한다. 그것들은 운동과 물질의 영원함과 더불어 영속적이다. 이렇듯 그것들은 상대적이면서도 절대적이다.

이것은 변증법적인 마르크스적 유물론과 기계론적 유물론의 차이점을 말해 주는 것이기도 하다. 양자는 시간과 공간의 절대성에 대해 말은 하지만 서로 다른 방식으로 언급한다. 기계론적 유물론이 말하는 시간과 공간은 '빈 것'으로 남아 있으면서 어떤 것을 받아들이는 현실적인 컨테이너처럼 물질과는 독립된 자치적인 본질로 개념된다. 그러나 변증법적 유물론이 말하는 절대 공간과 시간은 실재와 동일시되고 자연, 물질과도 동일시된다. 레닌의 말처럼 "일시적인 사물로부터 분리된 시간은 신이다."

마지막으로 시공간을 제한하는 내부 모순을 강조하는 것은 매우 중요한 일이다. 이는 시공간이 절대적이며 동시에 상대적이라는 사실에서 그러하다. 즉 공간의 무한성은 유한한 연장(延長)에 의해 구성되며, 그것은 마치 개별 과정들의 유한한 지속성으로부터 시간의 무한성이 구축되는 것과도 같다. 이것들은 지속적인 동시에 비지속적이다. 이런 두 개의 현상 간에는 늘 그것들을 일치시키거나 분리시키는 요소가 있다. 하나는 다른 것과 동일시되지 않으면서 다른 것 안에 흘러 들어가 서로 구별되면서도 그것을 좌우한다. 운동과 더불어 이러한 관찰은 인간적, 사회적, 역사적 실재에 구체적인 적용을 하는 데 있어 매우 중요한 것이다.

3. 물질과 의식

엥겔스는 "사유와 의식은 인간 두뇌의 산물"이라고 말한다. 이 같은 사고는 그의 저술에서 여러 차례 반복해서 나타난다. 포이어바흐와 엥겔스에게서 우리는 다음과 같은 점을 읽을 수 있다. 즉 그것은 감각에 의해 지각이 가능하고 우리 자신이 속해 있는 물질계만이 실제 세계일 따름이라는 사고다. 이들에 의하면 우리의 의식과 사유는 물질적, 신체적 기관인 두뇌의 산물이다. 물질은 정신의 산물이 아니며 오히려 정신 자체가 물질의 가장 뛰어난 산물이다. 물론 이것은 순수 유물론이다.[6]

1) 의식의 기원과 본성

마르크스주의에서 물질이 원천적이고 의식이 물질에서 유래한다는 것은 별 문제가 되지 않는다. 그러나 의식이 어떻게 기원되고 그것이 무엇인지를 설명한다는 것은 문제가 된다. 언제, 어디서, 어떻게 의식이 물질에서 발전될 수 있는지를 확실하게 설명하는 일은 쉽지가 않다. 그리고 언제, 어디서, 어떻게 감각작용에서 사유로 나아가는 것인지를 말하는 것도

---

6 레닌, 『유물론과 경험비판론』.

용이한 일이 아니다.

마르크스주의에 의하면 이러한 문제점의 어려움은 그것과 관련된 여러 오류들 때문에 생겨난다고 본다. 여기서 말하는 오류란 순수 관념론적, 유물론적인 모양새, 성격, 틀과 관련된 오류다.

사실 사람들은 의식이 영혼이라 불리는 비물질적 실재의 고유성 내지는 활동일 것이라고 생각했다. 그리고 이 영혼은 물질이나 인간 신체와는 아무런 상관도 없고 그래서 결과적으로는 신체와는 별도의 자치적 존재로 인정하고 더구나 그것이 존재한다고까지 생각했다. 그리고 비물질적 영혼은 인간 신체가 사라진 뒤에도 영원히 살아남을 것이라고 여겼다. 이것은 순수 관념론적 차원에서 비롯된 커다란 오류다. 여기서 관념론자들은 정신이 신체와는 별개로 신체와 물질을 창조한다고 생각하기에 이르렀다.

관념론자들뿐만 아니라 유물론에서도 의식의 기원과 본성에 대한 오류가 발생한다. 유물론에서의 오류가 발생하는 원인은 과학이 아직 그 성숙도에 다다르지 못했기 때문이다. 그렇지만 과학의 신보로 인해 지금에 와서 마르크스주의적 유물론은 의식의 본질에 대한 정확하고 심오한 이해에 도달하게 되었다.

2) 이와 관련된 마르크스주의의 기본 주장

무엇보다도 심리적, 정신적 사실들은 직접 경험될 수 없으며 사유(思惟)와 의식은 그 누구에게나 인간의 감각에 의해 조절될 수 있을 만큼 그런 물리적 성격을 천부적으로 타고난 것이 아니다. 사유와 의식은 눈으로 볼 수도 없고 감촉 불가능하며 맛볼 수도 없다. 아무리 완전한 현미경이라 할지라도 사유를 들여다볼 수는 없으며, 그 어떤 기구로도 그것을 재거나 무게를 달아볼 수도 없다. 그렇다고 해서 사유나 의식이 물질계와는 본질적으로 다르며 물질과는 상관이 없는 초지상적인 세계에 속한다는 것을 뜻하지는 않으며, 엄밀한 과학적, 객관적 방법에 의해 연구될 수 없다는 것을 의미하지도 않는다.

의식과 사유는 물질에 환원되지 않는다. 즉 그것들은 다른 물질적 대상처럼 측량 불가하다는 의미에서 그러하다. 그렇지만 본래 사유는 물질에서 유래하며 물질의 산물이다. 그렇지만 사유는 여타의 모든 물질적인 산물보다 특이한 상급적인 산물이다. 그것들은 물질의 '최고현시(最高顯示)'인 것이다.

물리적 고유성을 지니지 않았다는 점에서 의식과 사유는 과학적 방법에 의해 객관성 있게 연구될 수 있다. 이것은 무엇보다도 다른 것들과의 관계에서, 주변 상황과 갖는 인간 행위와 행동에 관한 관찰을 토대로 가능하다. 사람과 사람 간에 갖는 상호관계에 대한 연구는 고유한 의식 안에서 생겨나는 것에 대한 자기반성보다는 비교할 수 없을 만큼 더 풍요로워졌다. 그리고 그것은 과학자들로 하여금 물질계, 의식, 사유가 두뇌의 물질적 활동의 결과라는 결론에 이르도록 해주었다. 즉 그것은 뇌의 상위적인 신경활동이다. 신경조직이 없는 곳에는 물질적 현상들 역시 있을 수 없다.

의식과 사유의 현시는 두뇌 발전 안에 최고로 뛰어나고 통일된 단계에서 발생한다. 신경조직이 없는 곳에서는 정신현상이 주어질 수 없고, 신경조직이 하나로 잘 조직되어 있지 않으면 참된 인간 의식과 사유의 현상들은 있을 수도 없다. 인간의식의 출현과 사유의 불꽃의 번쩍임은 뇌의 극단적인 복합작용이며 그 통일성의 결과다.

사유가 뇌의 유출이라고 한다면 그것은 담즙이 간의 유출이라고 하는 것과 같이 오류를 주장하는 격이 된다. 의식과 사유는 뇌와 분리되어 가능한 산물로서 지향될 만한 그런 것이 아니다. 그것들은 뇌의 기능이며, 레닌이 말하는 바와 같이 물질의 내부 상태다.[7]

---

7 레닌, 『유물론과 경험비판론』.

제 3 장

물질의 변증법

마르크스 철학에서 물질과 더불어 변증법은 탁월한 위치를 점한다. 마르크스 철학이 단지 유물론이고 물질 외에 다른 것이 아니라면, 이 철학은 다른 철학들과 프롤레타리아트 집단의 관심을 끄는 데 보잘것없는 가능성만을 지니고 있을 것이다. 유일하고 순수한 물질 자체가 어떤 발전과정이 없다면, 전 실재에 대한 유효한 설명은 커다란 문제일 수밖에 없다. 그러나 변증법에 의해 활성화된 물질은 마르크스주의적 전망에 입각하여 필연적으로 모든 형태의 실체, 실재 전체의 궁극적인 원천이 되고 그 근원이 된다.

물질은 무엇보다도 보편적 철학사상에 있어 최고 가는 표현이다. 왜냐하면 그것은 포이어바흐와 헤겔에 의해 각기 대표된 인간 사변의 최정점과도 같은 절대성과 결코 풀릴 수 없는 하나로 결속되기 때문이다.

이렇듯 물질과 변증법은 마르크스주의에 있어서 세기를 거치면서 인간 사유를 표현하는 바를 훨씬 더 출중하게 기술하게끔 해주었다.

1. 현상들의 보편적 연관 및 상호 의존과 실재의 변증법적 발견

1) 현상들의 상호 연계성

현상들은 서로 간에 보편적인 연계가 존재하며 상호간에 그것들은 무한하게 연루되어 있다. 세계의 모든 개별 부분들과 거기에서 이루어지는 모든 발전과정들은 서로 간에 풀릴 수 없을 만큼 단단히 묶여 있다. 유기적 본성은 무기적 본성과 뗄 수 없는 관계를 맺고 있는데, 알고 보면 그것은 무기적 본성에서 유래한다. 인간 생명은 자연과의 상호 통일성 안에 연루되어 자연의 조건을 벗어나지 못한다. 인간 사회 역시 비록 특수하고 특정한 법칙에 의해 지배되고 있다 할지라도 그것은 자연의 통합적인 부분에 속한다. 그것은 자연을 떠나 존재하지 않으며 본질적으로 상호간 연관된 사회현상들로 짜여 있다.

실재의 상이한 현상들을 서로 묶어주며 그러한 현상들을 통일로 이끄는 연관은 다양하며 서로 다른 단계, 서로 다른 본성으로 이루어져 있다. 이는 마치 실재가 표현되는 요소들이 다수이고 서로 다른 것임을 말해 준다. 어떤 것은 살아 숨쉬는 세포의 변화 속에서 발견되는 연관이며, 어떤 것은 사회계급의 품 안에서 발견되는 연관이다.

2) 현상들의 상호 의존

인과성은 현상들의 연계와 상호 의존에 관한 주요 형식들 중의 하나다.

① 원인과 결과

개별 현상들을 이해하기 위해 우리는 일반적 연관으로부터 현상들을 취하여 그것들을 별도로 연구해야 한다. 그때에 교체적으로 발생하는 운동은 하나는 원인이며, 다른 하나는 결과로 나타난다.[1]

> 원인과 결과는 보편적 상호 의존과 보편적 연관 그리고 사건들의 상호 연관의 요소들일 뿐이다. 이 원인과 결과는 물질의 발전이라는 사슬을 묶는 고리다(레닌).

원인과 결과는 두 개의 상호 연관 개념이다. 인과성은 현상들 간의 필연적 연계이며 따라서 어떤 것이 존재할 때마다 거

---

1 F. 엥겔스, 『자연의 변증법』.

기에는 필수 불가결하게 또 다른 어떤 것이 존재한다.

원인과 결과 개념들은 환상의 열매가 아니며 세계에 대한 지식과 사회적 실천 안에서 알아낸 놀라운 과학적 업적이다. 마찰이 열을 낸다고 인간이 발견했던 것은 노동 안에서다. 이 두 가지 범주에 대한 중요성은 매우 큰 것이다. 원인과 결과는 객관세계의 계속성과 일정한 질서에 대한 사유에서 얻어진 반성이다.

이러한 세계에 대한 지식은 인간의 실천적 활동에서 결코 빼놓을 수 없는 것이다. 오직 원인들을 앎으로써 실재 안에서 행위할 수 있으며 현상과 발전과정에 영향을 미칠 수 있고 인위적으로 현상들을 만들어낼 수 있으며, 그것들을 자극하고 질식시킬 수 있다. 과학은 서로 다른 현상들의 원인을 발견하며 그 원인들을 사회진보를 위해 유익하게 사용해야 한다.

(가) 시간적 연계와 인과성

원인은 시간 안에서 결과를 선행한다. 그렇지만 시간 안에서 선행하는 모든 것이 그 뒤를 따르는 것의 원인은 아니다. 예컨대 새벽은 아침을 앞서간다. 그렇다고 해서 새벽이 아침의 원인은 아닌 것이다.

(나) 인과성과 기회원인 혹은 동기

원인은 결과를 산출한다. 기회원인(機會原因, occasio) 혹은 동기는 결과와의 고리를 끊어버릴 수 있다. 그것은 결과를 내지 못한다. 그것은 잔을 넘쳐흐르게 하는 마지막 물방울이다. 기회원인과 결과 사이에는 연관이 있다. 그러나 그것은 순전히 외적인 것일 뿐이지 내부적, 본질적인 것은 아니다.

(다) 인과성과 조건들

원인과 결과 간의 행위의 상호관계성은 언제나 '순수' 상태에서 발생한다. 그 상호관계성은 주변 혹은 부수적인 평행적 현상들의 현존에 의해 좌우된다. 이 현상들은 상호 연관성을 촉진하거나 방해할 수 있다. 자연적 발전과정을 예상하고 이끌기 위해서는 원인들뿐 아니라 '조건들'을 알아야 한다. 원인들은 이 조건들 안에 작용하기 때문이다.

결정적인 조건들로 인해 서로 다른 원인들이 동일한 결과를 낼 수 있다. 이는 마치 상호적인 면에서 서로 다른 결과가 동일한 원인에 의해 얻어질 수 있는 것과도 같다. 예컨대 우라늄 핵분열은 그것에 따르는 서로 다른 조건에 따라 가공할 만한 파괴력을 지니는 핵폭탄이 될 수도 있고, 의료사업이나 농업 그리고 그 밖의 다른 분야에서 인간에게 유용하게 사용되는 도구가 될 수도 있다.

(라) 인과성과 세계 안에서의 필연적 연관성

우리가 이미 강조했듯이, 인과적 연계들이 객관적이고 다수이며 상이하다는 한에서 그것들은 세계 안에서 작용하는 필연적 연관들의 무한한 감마(백만 분의 1그램)를 소모하지는 못한다. 레닌에 의하면 인과성은 단지 미세한 입자에 불과하다. 즉 그것은 전 세계를 특징짓는 보편적 연관의 작은 입자인 것이다. 과학은 상호 인과관계에서 뿐 아니라 필연적 연관의 풍부한 모든 다양성 안에서 현상들을 연구하는 소명을 받은 학이다.

② 인과적 연계성에 관한 상이한 해석

유물론과 관념론은 인과율(因果律, causalitas)의 개념에 있어서 서로 상반된 주장을 펼친다.

(가) 관념론적 해석

관념론에 의하면 인과적 관계는 전적으로 부정되거나 주관, 감각작용, 의식, 사유의 산물이 되게끔 재차 이끌어진다. 우리는 그 전형적인 두 가지 예를 흄과 칸트에서 찾아볼 수 있다.

흄에 의하면 인과관계는 바로 경험에 의해 얻어진다. 그렇지만 그 연계성은 객관적 연속성을 지니지 못한다. 우리 경험은 오직 감각작용에 대한 경험이며, 인과율은 우리의 감각작용에 뒤따르는 습관적 방식 외에 다른 어떤 것이 아니다.

그 어떤 것도 감각작용 밖에 객관적인 어떤 것이 존재한다고 생각하게끔 정당화하지 않는다. 결과적으로 그 어떤 것도 선행하는 것이 그 뒤를 따른 것의 원인이라거나 지금 현재 존재하는 것이 미래의 원인이라고 생각하도록 보장해 주지 않는다는 말이다. 우리는 원인이 미래 안에서 그것이 과거에 작용했던 것처럼 그렇게 작용할 것임을 객관적으로 미리 점칠 수가 없다. 마찰은 열을 일으킨다고 사람들은 말하지만 우리에게는 단지 그런 것 같을 뿐이다. 우리는 이것을 객관적으로 증명할 길이 없기 때문이다.

인과율은 객관적 실재성 안에서가 아닌 감각작용 안에서 결정된 연속적인 연관이다. 더구나 우리는 그것을 논증할 수 없다. 우리는 그것이 동일한 방식으로 다시 일어나기를 희망할 뿐이다. 우리는 그것에 대한 객관적인 확실성을 갖고 있지 않다.

칸트는 흄보다 더 비판적으로 인과율의 객관성을 부인한다. 이는 그것을 다시 발견하거나 그것을 감각작용의 연계에 환원시키기보다는 이성의 선험적 본유범주(本有範疇)로 여겨져야 한다. 여러 다른 감각작용들은 판단 안에서 그 통일성을 발견한다.

(나) 마르크스적 해석

흄과 칸트 그리고 과거와 현재, 미래의 관념론자들(즉 형이상학적 유물론자, 평범한 유물론자, 신칸트학파, 실증주의자들)과는 반대로 유물론(마르크스주의적)은 현상들의 인과관계가 객관적이며, 의지와 의식과는 독립적이라고 주장한다. 그 연관성은 인간 정신 안에서 다소간 충실한 반영으로 나타난다.

이 주장은 억측에 의하지 않고 과학적 지식에 기초한 것이며 실천에 의해 증명되었다. "계기작용(post hoc)"이 일정하게 발생한다 할지라도 "상관관계(propter hoc)"에 따라 인과적으로 늘 연관되는 것이 아니라는 흄의 주장은 일리가 있다. 그렇지만 인간 활동, 실천이 원인과 결과 안에서 자연적으로 발생하는 것을 인위적으로 산출한다면, 거기에는 인과관계의 진리에 대해 더 이상의 아무런 의심도 있을 수 없다.

인과관계의 긍정과 지식은 인간의 실천적 활동을 위해서는 필수 불가결하다. 우리가 인과관계를 알고 있을 때만 인과적 자연에 대해 행위(자연 지배)할 수 있으며 욕구된 현상들을 유발할 수 있고 욕구되지 않은 현상들은 중립화하거나 제거 또는 무효화할 수 있다. 오직 인과관계가 객관적일 경우에만, 즉 결정론적으로 그것들이 생겨날 때에만, 우리는 초월세계에 의지하지 않고 실재에 대한 자연주의적 설명을 해낼 수 있다. 결국 유물론적 결정론은 신, 기적 혹은 이와 유사한 것들에 대해 어떤 여백을 남겨놓지 않는다.

3) 실재의 변증법적 발전

① 마르크스주의에 의한 발전 개념

물질 안에는 영원한 운동과 발전이 있다. 그러한 운동과 발전은 영속적이며 필연적 법칙에 입각한 것이다. 그러나 물질의 발전을 지배하는 이 법칙이 어떤 것인지 또 마르크스주의 철학에 의해 이해되는 의미로서 발전의 의미는 어떤 것인지 우리는 분명히 해둘 필요가 있다.

물질의 발전(즉 자연과 역사 그리고 사회의 발전)은 19세기에 개념된 순수 진화론과는 동일시되지 않는다. 그것은 철학적 사유의 여러 단계에 묶여 있다(유물론적, 유심론적 철학적 사유). 그러한 형태의 진화는 실재의 변증법적 견해라는 측면에서 생겨난 것이 아니라 무익하고 공허하며 세계에 관한 형이상학적 개념의 밑둥치에 강력히 잠겨 있는 것일 뿐이다.

엄밀하게 마르크스적 의미로 발전에 대해 말하기 위해서는 그 발전이라는 것이 변증법으로 충족되게끔 해야 한다. 즉 그것은 새로운 것의 탄생과 성장, 즉 발전 안에서 새로운 것의 모체와 기반을 자신 안에 품어야만 한다. 이때 새로운 것은 낡은 것의 '사라짐'에 의해 동반된다.

그것은 어떻게 가능한가? 그것은 대상 자체의 내부 모순을 통한 그들 간의 투쟁과 일치로 가능하다.

혁신적인 변증법적 개념으로 현재의 세계와 다시 실현될 수 있는 미래세계의 거대한 변화는 그 충만한 정당성을 발견한다. 왜냐하면 그 안에는 낡은 것의 사멸을 동반하는 새로운 것의 탄생이라는 지속적 과정이 자리하고 있기 때문이다. 자연과 역사 안에는 존재하는 형식들을 극복하게끔 하는 계속적인 충격이 있다. 그리고 덜 완전한 것에서 더 완전한 것, 그리고 마침내는 최상의 완전성을 향한 전이가 있다.

② 발전에 있어서 변증법의 기능

마르크스주의에 의하면 실재의 진화과정은 우연히 발생한다고 생각할 수 없고 모종의 정확한 법칙들에 의거한 것이라고 본다. 이 법칙은 실재의 재생과 변화를 적합하게 파악한다. 사물들의 본성 자체 안에 새겨진 이 객관적 법칙들은 실재 안에서 사유에 의해 발견되지만, 그렇다고 해서 사유에 의해 실재에 부과된 것은 아니다.

마르크스 학설은 세 가지 기본 법칙들을 언급하고 있는데 각각의 법칙은 실재의 객관적인 발전에 있어서 본질적인 요소들을 반영하고 있다.

(1) 양적 변화 안에서 질적 변화의 이행 법칙
(2) 대립물들의 일치와 투쟁 법칙
(3) 부정의 부정 법칙

첫 번째 법칙과 관련하여 실재 안에는 질적으로 다른, 하나의 존재방식에서 다른 존재방식으로의 이행이 있다는 것이 발견된다. 두 번째 법칙에 있어서는, 실재 안에서 이러한 질적 이행은 동일한 실재의 내부에서 대립물들의 투쟁에 의해 생겨난 내적 충동에 힘입어 작용한다는 것이다. 세 번째 법칙에 있어서 그 내부 충격과 질적 이행은 연속적인 운동과 함께 완전성을 향하여 실재를 진보적이게끔 한다. 즉 단순한 것에서 복잡한 것으로, 하위적인 것에서 상위적인 것으로, 덜 완전한 것에서 더 완전한 것으로 나아가도록 하는 것이다.

2. 양적인 것 안에서 질적인 것의 변화 이행 법칙

1) 문제

이 법칙의 근저에는 해결해야 할 문제가 남아 있다. 세계, 실재, 자연 안에는 어떤 대상이 있고 또 현상들이 있으며 진행 과정이 있다. 그것들은 서로가 질적으로 다른 것들이며 서로 환원될 수 없는 것이다. 사유는 순수 물질로 환원될 수 없다. 감각생명은 순수 화학적 반응과는 질적으로 다른 어떤 것이다. 사회주의는 자본주의와는 전적으로 다른 실재다.

이 문제에 직면하여 거기에는 두 가지 태도가 있음을 알 수 있다. 즉 어떤 자료로서 혹은 어떤 사실로서 질적으로 서로 다른 현상들의 거대한 다양성을 받아들이는 자들의 태도와 — 즉 그들은 궁극적으로 그것을 설명하거나 그것을 진리 안에서 그 본질 안에서 이해하거나 파악하는 데에 아무런 관심을 두지 않는다 — 사실의 난순한 증명으로 만족할 수 없는 사람들의 태도로 '사물들'을 이성적으로 설명하고 이해하고자 힘쓰는 자들의 태도다.

첫 번째 태도는 대부분의 사람들의 태도로서 과학적, 철학적 반성의 차원에서 정의되는 출발점을 거부하며, 따라서 문제에 대해 긍정적인 답변이나 부정적 답변을 하지도 않기에 그것은 항상 미해결책으로 남아 있다.

두 번째 태도는 또 다른 해결책으로 과학적, 철학적 차원에 놓이는 태도다. 그것은 문제에 대한 인간 이성의 심오한 요청을 만족시키고자 하는 해결책으로, 현상들의 다양성과 질적으로 상이한 진행과정들에 있어서 '세계' 내 현존의 참된 기초를 발견하고자 하는 태도다.

마르크스주의는 이 둘 중 후자를 선택한다. 이것은 변증법적 유물론의 법칙에 기초한 해결책이다 이는 우주의 광대한 부요함의 유일한 모체로 미래 안에서 실현될 것이다.

2) 질과 양

마르크스가 내놓은 해결책의 실마리가 되는 한 가지 요소는 질과 양에 대한 것이다. 우리는 그것에 대한 내용과 기능을 정확하게 이해할 필요가 있다.

① 질(質)과 그 속성들

모든 사물과 현상은 질로 구성되어 있으며 질을 통해서 (성질 때문에) 다른 모든 것들과 구분된다. 질은 모든 사물들의 결정체다. '자연'은 거대한 풍요성과 다양성 안에서 서로 다른 질적 대상들로 구성된다. 자연 안에는 질적 결정체가 배제된 대상이나 현상은 존재하지 않는다. 한마디로 질적 결정체가 없는 존재는 불가능하다.

질은 물체와 연계된 영원한 어떤 것이 아니며 단지 그 내부 존재다. 그리고 그것은 그 규정의 내적, 본질적, 구성적인 것이다. '질'과 '속성'이라는 명사들은 흔히 섞어서 사용된다. 그러나 그것들은 다음과 같은 점으로 인해 서로 다르다. 즉 속성들은 모든 대상들의 내부 구성에 대한 영속적인 표현들이다. 그것들은 서로 달리한다. 그러나 그것들은 밀접한 선상에서는 구별될 수 없는 것이다. 모든 사물은 하나의 속성에 의해서가 아닌 다양한 속성들, 어떤 본질적인 것들, 어떤 것은 덜 본질적인 것들에 의해 그 특징을 지니게 된다. 질은 사물의 모든 속성들을 일치시키는 내부 사슬이며 사물에 대한 전체성의 표현이다.

다양한 속성은 서로 다른 시간에 나타날 수 있다. 그 모든 속성들은 동일하게 본질적이지는 않지만, 다음 순간에 생겨나고 또 그렇게 사라질 수 있다. 그렇지만 이 때문에 객체의 질이 변화되는 것은 아니다. 이는 사물이 — 그의 어떤 나타남의 변화가 본질적이지 않지만 — 그 존재의 품 안에서 어떤 의미에서 불변적인 것인지를 가늠하는 데에 도움을 준다. 예를 들어 자본주의는 생산과 노동자의 착취 수난이라는 사적인 속성에 있어 본질적인 특성들을 보존하는 그것이 아닌 다른 어떤 특성들(소수에 있어서 자본의 집중)이 비록 바뀐다 할지라도 그것은 늘 자본주의로 남아 있게 된다.

따라서 사물에 풀릴 수 없이 묶인 질은 대상물의 결정체이며, 이로 인해 사물은 다른 사물과는 구별된다. 그리고 질은 사물의 모든 본질적인 특성들의 복합체로 여기에 상대적인 고정성이 주어지게 된다.

② 양(量)

양이 없는 성질은 있을 수 없다. 성질과 마찬가지로 양 역시 사물에 속하며 물체의 규정을 설정하는 데 참여한다. 그렇지만 속성들 안에서 표현되는 질과는 달리 양은 사물의 증가, 크기, 부피, 고유한 속성들의 강도를 표현한다.

여기서 우리는 질과 양이 여러 가지 관점에서 서로 다르다는 것과 함께 어떤 면에서는 서로 부합한다는 것을 알 수 있다. 이 두 가지는 모두 본질적으로 사물에 속하지만 그 속함의 등급은 차이가 있다. 질은 사물과 동일하므로 거기에서 질이 결핍되거나 변화하는 경우 사물 역시 결핍되거나 변화한다.

그런데 양은 속성들을 통해 사물에 속한다. 따라서 사물과의 연관성은 질의 연관성처럼 그렇게 동일하게 밀접하거나 즉각적이지는 못하다. 이로 인해 양의 모든 변화는 객체의 동일한 변화를 필연적으로 요하지는 못한다. 양은 물체를 변화시키지 않으면서 질보다도 훨씬 더 폭넓게 변화할 수 있다.

그럼에도 불구하고 양적 변화의 상황이 훨씬 더 연장적(延長的)이라 해도 그것은 한도가 없는 것이 아니다. 질과 밀접하게 연관되어 있는 양은 어떤 분량을 넘어서 변화할 수가 없다. 어떤 한도를 넘어서는 양의 변화는 필연적으로 질의 변화를 가져온다.

질과 양은 사실상 서로 밀접하게 연관되어 있으며 상호 규정된 존재방식들 안에서 서로가 서로를 좌지우지한다. 그 규정된 존재방식을 변화시키면서 양 혹은 질 안에서 서로를 좌우하는 것이다. 그 규정된 존재방식을 변화시키는 가운데 양 혹은 질 안에서 서로는 필연적으로 변화된다.

이와 같이 한 노동자의 생산력은 그가 홀로 일하는 것보다 다른 노동자들과 연합하여 일할 때, 다시 말해 생산에 있어서 질적으로 새로운 방식을 택할 때 증대된다.

3) 분량(分量)

양과 질의 일치는 대상들을 규정한다. 양은 질과 결정적인 관계 안에 있으며 상관적으로 질은 양과 결정적 관계를 맺고 있다. 양과 질의 이 같은 상호 규정적 관계는 대상의 분량을 구성한다. 분량(크기, 무게, 길이)은 양과 질의 분리 불가분한 관계 안에서 대상을 파악하는 데 쓰인다.

대상에 있어서 양적 제한은 그 질적인 면에 달려 있다. 따라서 질적인 양에 대해서와 마찬가지로 양적인 실에 대해 말할 수 있다. 사실 한 대상의 분량은 양과 질의 일치이며 상호관계다. 이 분량이 파괴되면 대상이 되는 존재 역시 더 이상 그렇게 있을 수 없다. 즉 처음에 그의 규정을 구성하던 양과 질 간의 배분이 더 이상 그렇게 존재하지 않으므로 대상은 그의 규정을 상실하고 필연적으로 새로운 결정을 취함으로써 새로운 대상이 된다.

이때 양적인 것에서 질적인 것으로의 변화 이행 법칙은 다음과 같이 공식화될 수 있다. 즉 작은 양적인 변화 — 초기에는 감지할 수 없을 만큼의 변화 — 의 힘으로 점차적으로 증가하면서 어떤 시점에 이르러서는 대상의 분량을 파괴하고 근본적인 질적 변화들을 유발한다. 이로 인해 대상들은 변화하고 낡은 길은 사라지며 새로운 길이 생겨난다.

4) 발전의 진화 형식과 혁명적 형식

양적 발전이건 질적 발전이건 간에 그것은 운동, 즉 발전에 있어서 두 가지 측면 내지 두 개의 형식으로 나타나지만 이것들은 서로 간에 많은 차이점을 지니고 있음을 우리는 알 수 있다.

양적 운동은 분량을 극복하는 경우 질적 변화로 나아간다. 그러나 그것이 대상의 분량이라는 한계에 머물면서 그 자체로 고려되는 경우, 양적 운동은 어떤 질적 변화, 발전을 수반하지는 못한다. 이것은 어떤 질적 변화를 가져오지 못하는 자연과 연관된 변증법적 방식과는 완전히 별개의 것이라 할 수 있는 진화적 형식이다. 이러한 진화는 사물을 있는 그대로 남겨두는, 다시 말해 그것을 형이상학적 본질 안에서 불변하는 것으로 파악한다. 이는 형이상학적 의미의 진화다.

이러한 형태의 진화는 17세기에 뒤떨어진 과학의 진보로 인해 유물론자들이 제시하고 옹호했던 이론이다. 이것은 그 후 부르주아와 자본주의자들에 의해 적용되었지만, 거기에는 아무런 과학적 이유가 포함되어 있지 않았고 단지 그들의 사회 경제 체제를 옹호하기 위한 수단으로 사용되는 데 그쳤다.

그렇지만 또 다른 형태의 발전, 즉 사물을 있는 그대로 방치하지 않는, 다시 말해 대상의 근본적인 변화로 이끄는 발전 이론이 있다. 그것은 낡은 것의 무효화와 새로운 것의 생성에 관한 것으로 형이상학적 형식이 아닌, 과학적 유물론이 적용된 변증법적 형식이다. 이것은 대략 19세기부터 시작된 것으로, 과거와 오늘날의 마르크스주의가 엮어내어 옹호한 것으로 우리는 이를 두고 발전의 혁명적 형식이라고 칭한다. 따라서 역사 안에서 인간은 두 가지 형태의 발전, 즉 단순한 진화론적 발전과 혁명적인 발전을 이룩했다.

마르크스주의에 의하면 이 두 가지 발전 양식, 즉 단순한 진화적 양식과 혁명적 양식은 실재 안에 작용하는 근본 변화 안에 늘 현존하고 현존해야만 한다. 양적, 질적 운동은 서로 간에 밀접하게 연관되어 있기 때문에 실재의 발전은 공존과 이 두 가지의 진화론적, 혁명적 형식에 의거하지 않고서는 있을 수가 없다.

혁명적 형식을 배제하고 진화론적 방식에만 집착하는 자는 자연의 비결정적 질적 다양성을 결코 이해하지 못한다. 또한 혁명적 형식에만 집착하는 자들은 연속해서 주어지는 노선을 차단하는 결과를 낳게 된다. 왜냐하면 주어진 경제적, 사회적, 역사적 상황으로부터 필연적으로 달리 주어진 역사적, 경제적, 사회적 상황으로 나아가야 하기 때문이다. 변화의 전제들이 기정사실화되지 않는다면, 그러한 변화가 어떻게 해서 이루어질 수밖에 없는 것인지 결코 이해할 수 없다.

진화적 방식과 단순하고 혁명적인 이 두 가지 방식은 자연 안에서 작용하는데, 과학은 이를 충분하게 입증하였다. 따라서 새로운 사회의 구성을 기대하는 자라면 이러한 사실을 결코 망각해서는 안 된다. 이 점과 관련하여 마르크스 이론은 다른 것을 배제하면서 두 가지 발전 형태 중에 유일하게 하나를 채택하는 본래적인 위험성으로 말미암아 근본적인 비타협적인 태도를 고수했다.

단순한 진화 형식을 받아들이는 자는 비이성적으로 학문의 자료들을 거부할 뿐만 아니라 더 이상 낡은 것의 소멸과 새로운 것의 생성을 설명할 수 없게 된다. 그리고 프롤레타리아트의 혁명적 힘을 무력화시킨다. 만일 자연 안에 혁명적 운동이 반자연적이고 따라서 존재할 수 없는 것이라면, 이러한 운동들은 사회 안에서도 반자연적일 것이고 거부될 수밖에 없을 것이다. 이것은 불행하게도 과거와 현재의 혁명주의자들과 개혁주의자들 그리고 부르주아 국가의 사회주의적 노동자들이 옹호한 명제이기도 하다. 그러나 부르주아지는 혁명을 주장하는 데 모든 관심을 기울인다. 그들은 평온하고 점진적인 이행을 선언하며, 자본주의 사회의 불의를 치유하는 데에는 평화로운 개혁이면 충분하다고 본다. 레닌에 의하면 이들은 현대 자본주의에 의해 창조되고 창조될 수 있는 사회주의의 전제들을 사회주의 그 자체와 혼동하고 있다고 본다. 이 모든 것이 실현되기 위해서는 자본주의를 혁명적으로 전복시키는 것이 본질적으로 요구된다.

그리고 단순한 진화적 형식을 배제하고 혁명적 형식만을 고집하는 자들도 내쳐져야 한다. 거부의 이유는 근본적으로 동일한데, 즉 유일한 혁명적 운동은 그렇게 있어야 하는 것으로서의 사회주의적 사회를 기초하는 데 동조하지 않기 때문이다. 왜냐하면 '객관적으로' 준비되지도 못하고 단지 그러한 사회가 오기를 현실적인 상태에서 염원한 것이라면, 결국 실패로 끝나버리고 말 것이기 때문이다. 전제들, 다시 말해 양적인 발전과 단순한 진화 형식에 의해 규정된 전제들이 제대로 설정되지 않는 경우라면, 질적으로 다른 형식으로의 이행은 헛된 것이 되고 만다. 사회적 차원에서 무정부주의자들과 무정부적 노동조합주의자들은 이러한 개념을 지지하지만, 혁명의 전제들이나 효과적이고 지속적인 혁명을 창조하는 준비나 힘의 안배 없이 그리고 느린 진화 없이 이 모든 것을 망각해버리는 경우라면 그들이 지향하는 바는 결국 불가능한 것이 되고 말면서 실패로 끝나버리게 될 것이다.

5) 비약(飛躍)

변증법적 이행과 비변증법적 이행의 차이는 어디에 있을

까? 그것은 비약, 모순, 연속성의 단절, 존재가 아닌 존재의 일치에 있다(레닌). 위의 두 가지 개념은 오류적이며 일방적인 객관세계의 실재적 진화와 일치하지 않는다. 사회적, 정치적, 경제적 사건들 그리고 자연 사건들은 우연히 자동적으로 발생하지 않는다. 그것들은 준비가 필요하고 질적으로 조건지어져야 한다. 자연 생명과 발전은 느린 진화든 빠른 비약이든 간에 그것들을 자체 안에 포함하고 있다. 이러한 형태의 모든 움직임은 필연적인 단계이며, 존재하는 모든 것의 발전에 있어서 필수 불가결한 단계다.

질적 구별은 양적으로 준비가 되었을지라도 비약을 통해 발생한다. 이것은 마르크스 언어에 있어서 열쇠가 되는 단어다. 비약은 양적 운동의 급작스러운 단절이며 대상이 다른 질적 존재방식으로 이행함이다. 그것은 진화과정에 있어서 필연적인 단계이며 발전단계의 완성이다.

대상은 비약을 통한 발전에 있어서 양적 발전의 변화를 통해 그 질을 완전하게 하는 반면, 사물은 근본적으로 바뀌면서 새로운 질적 발전이 시작된다.

질적 비약이 없는 양적 변화는 사회의 실질적인 발전에 아무런 보탬이 되지 않는다. 비약은 근본적인 변화다. 그것은 갑작스러운 어떤 변화가 필연적이어야 한다는 것이 아니다. 질적 변화는 양적 변화 앞에서 분명히 더 빠른 속도로 완성된다. 그렇지만 이것은 그러한 변화들이 항상 갑작스럽게 이루어진다는 것을 뜻하지 않는다.

물론 갑작스러운 변화도 있다. 사물들의 본성이 그것을 요구하는 경우 바로 그러하다. 갑작스러운 비약의 경우들은 화학, 물리학, 그리고 다른 실재의 영역들 안에서 주어진다. 그렇지만 갑작스럽게 발생하는 비약의 실재에 이것들은 본질적인 것이 아니다. 비약에 본질적인 것은 근원적인 것으로 사물들과 대상들을 근본적으로 변화시키는 것이다.

아무튼 진화적 운동과 혁명적 운동은 상호간에 영향력을 행사하는 발전의 유일한 진보적 운동들이다. 양적 변화는 질적 이행을 준비한다. 그리고 이 이행은 새로운 질적 성장주기를 시작한다.

자연과 사회 그리고 인간 사고의 발전은 계속적이며 통일적인 선상에 입각한 것이 아니라 갑작스럽고 날카로운 단절로 특징되는 성장의 진보적 작용에 입각한 것이다. 이러한 단절은 어떤 과정에서 다른 과정으로, 하나의 대상을 향한 질적, 상승적 비약을 규정함이다.

6) 낡은 것에서 새로운 형식으로의 이행 다수성

우리가 지금 언급하고 있는 것은 한 성질에서 다른 성질, 한 대상에서 다른 대상, 어떤 과정에서 또 다른 발전으로의 이행이 어떻게 발생하는지에 관한 일반적 법칙에 관한 것이다. 이러한 이행들은 어떤 유일한 질적 형식에 의해 구성되지 않는다. 실재는 그것이 아무리 미세하다 할지라도 복합적이며 유일한 질적, 양적 규정만을 소유하고 있는 것이 아닌 까닭이다.

이러한 실재는 여타의 다른 모든 실재들과는 구별되는데, 그 구별의 이유는 비규정적인 면들의 수에서 기인한다. 따라서 우리는 모든 것이 서로 간에 구별된다고 말할 수 있다.

낡은 질의 사라짐, 새로운 질의 생겨남은 사실상 발전의 본질적인 면들에 있어서 막연한 숫자들의 사라짐과 동시에 비규정적인 면들의 수의 탄생을 요청한다. 따라서 그것은 단순한 비약이 아닌, 한 과정에서 다른 과정으로의 이행을 위해 실현되어야 할 다수의 비약들에 관한 것이다. 실재의 복합성은 이행의 복합성과 부합해야 하기 때문이다.

변증법의 이러한 반성과 요청은 중대한 방법론적 의미를 지닌다. 따라서 이행을 주장하는 것만으로는 충분하지 않다. 실재를 구체적으로 바라보면서 그 구체성 안에서 실재를 세부적으로 분석해야만 한다. 그렇게 함으로써 이행이 실현되는 열쇠가 되는 포인트를 찾아낼 수 있고 효과적인 실현을 유발할 수 있다. 레닌에 의하면 실재적인 것의 구체적 형식은 그 비판적인 요소들 안에서 파악할 필요가 있으며 또 그 결과에 입각하여 행동해야 한다.

마르크스주의자들에 의하면 충분히 다하지 못할 말로서 자본주의와 사회주의 간에 이루어져야 할 질적 비약이 있다거나 아니면 질적 비약은 필수 불가결한 것이라고 주장하는 것은 올바른 것이 아니라고 본다. 어디서, 왜, 언제 그것이 발생할 것인지를 아는 것, 그리고 모든 힘을 모으고 모든 수단을 강구하여 자본주의를 사회주의로 대체하도록 자극하는 일이 그 무엇보다도 필요하다.

비약의 급작스러움이 생겨나지 않고, 비약이 다수가 되며 그것이 점차적으로 이루어진다는 것은 바로 이러한 형태의 실재 안에서다. 양적인 등급이 있는데 사람들은 이 점에 대해 잘 이해하고 있다. 그런데 질적 등급 역시 주장되어야만 한다. 그래야만 변화 안에서 현상들은 매우 복합적이면서도 서로 간에 종속되어 있을 것이다.

물리학, 화학에서 어떤 대상이 다른 대상으로 이행하거나 하나의 현상에서 또 다른 현상으로 이행하는 것은 전적으로 갑작스럽게 발생할 수 있음을 우리는 잘 알고 있다. 그런데 현상들과 과정들이 아주 복합적일 때는 — 예컨대 광물계에서 식물계로, 식물계에서 동물계로 혹은 인간세계로 — 그것이 변화되는 즉각적인 변화의 결과일 수 없고 단지 시간 안에서, 오히려 장구한 시대를 거쳐 확대된 연장(延長)임을 알 수 있다.

이와 유사하면서도 더 복합적인 어떤 것이 사회적 현상들 안에서 발생한다. 거기에는 서로 대소석인 힘들이 개입되는데, 그것은 자연력과는 달리 필연적으로는 아니지만 자연스럽게 행위한다.

이 같은 근본적인 변화 속에서 복합적인 사회발전의 전형적인 사례는 1917년 10월 25일에 발생한 러시아 혁명이라 볼 수 있다. 강력한 혁명적 도약으로 부르주아지 독재는 프롤레타리아트 독재로 바뀔 수 있었다. 그래서 단 일격에 정치권은 제국주의자들의 수중에서 무산자들의 수중으로 이양되었다. 그리고 전제정치는 사회주의로 넘어갔다.

그러나 이러한 무산자들에 의한 정치권력의 정복은 '사회주의적' 실재 안에 존재해야 하는 '러시아적' 실재의 즉각적인 변화를 의미하지 않았다. 과거의 법적, 경제적, 사회적 제도들은 너무나 깊이 뿌리를 박고 있었기에, 러시아의 전제정치의 품 안에서 그것을 무효화시키기에는 역부족이었다. 무엇보다 역사의 새로운 과정에 대한 저항들은 실천적인 차원에서도 그러했듯이 이념적인 차원에서도 대단하였다.

변화 역시 그 뿌리가 깊을수록 강력해야만 했다. 농민들의 정신구조를 바꿔 개인의 재산을 환수하고 그것을 집단화하기 위해서는 프롤레타리아트의 지휘봉만으로는 부족했다. 오히려 대중이 심리적으로 잘 준비하기 위해서는 긴 시간이 필요했고, 경제 사회적 변혁을 진보적으로 이룩하고 전제주의에서 사회주의로의 전적인 이해를 위한 객관적인 조건들을 알아채야만 했다. 이것은 아주 긴 과정으로 아직까지도 완전히 실현되지 않은 것이라고 마르크스주의자들은 말할지도 모른다.

여기서 우리가 강조하고 싶은 것은, 발전은 양적 변화 안에서 뿐 아니라 질적인 변화 안에서의 단계를 통해 발생한다는 점이다. 아무튼 비약에 관한 마르크스의 학설은 모든 발전의 필수적인 요소로 사회혁신의 필연성을 정당화하며 이를 기초한다.

마르크스주의에서 무엇보다도 가치 있는 것은 무산계급으로 하여금 혁명에 대한 의식을 갖도록 할 뿐만 아니라 사회혁명을 준비하고 실현하도록 길들이는 데 있다. 마르크스주의에 의하면 이러한 혁명적 '비약'을 떠나 자본주의가 자동적으로 사회주의로 변모할 것이라고 생각하는 것은 유토피아적 사고에 불과하다고 본다.

3. 대립물들의 통일과 갈등의 법칙

"변증법은 대립물들의 통일에 관한 학설이라 정의할 수 있다. 이와 함께 변증법의 핵심이 수렴될 것이다."(레닌)

대립물(對立物)들의 통일과 갈등 법칙은 마르크스 철학의 핵심이다. 왜냐하면 그것은 발전의 모든 면들과 요소들을 우리로 하여금 이해할 수 있는 조건에 위치시켜 주기 때문이다.

대립물들의 통일과 갈등의 법칙은 모든 현상과 서로 다른 대상들 간에 존재하는 관계에서처럼 각각의 개체 내부에 있는 서로 다른 면들 간에 존재하는 모든 현상과 관계들의 본질적이며 모순적인 연관성을 발견하게끔 해준다. 이 법칙은 모든 발전의 근저에 자리하며 발전의 원천이기도 하다. 왜냐하면 이것은 모든 변화과정의 내부에서의 대립물들의 통일과 갈등을 말해 주는 법칙이기 때문이다. 모든 대상과 현상을 부유케 하는 면들의 통일성 없이는 어떤 대상이나 현상도 거기에 있을 수 없다.

한편 그러한 면들의 내부적 갈등 없이는 어떤 변화도 있을 수 없고 생각조차 할 수 없다. 그와 같이 이 법칙은 사물들과 발전과정의 가장 심오한 본질을 꿰뚫어보도록 한다. 양적인 것으로부터 질적인 것으로의 변화의 이행은(첫 번째 법칙의 표현) 모순을 통한 발전의 현시들 중 하나일 따름이다. 이와 같이 내용과 형식, 본질과 현상, 인과원리와 필연성 간의 상호 관계는 대립물들의 통일과 갈등에 관련되지 않고서는 별다른 의미가 없다.

따라서 마르크스주의의 변증법 안에서 이 법칙의 역할은 매우 중요하다. 첫 번째 법칙과 더불어 우리는 자연의 부유함과 다양성을 깨닫게 되지만, 세 번째 법칙은 우리로 하여금 자연 발전의 의미와 상승적 방향을 이해하게끔 한다. 두 번째 법칙은 발전의 기초와 원천을 우리에게 열어 보이며 모든 발전과 과정, 진보의 분출에 대해 설명해 준다.

1) 모든 대상은 대립물들의 통일이다

① 대립물들의 현존

실재에 관한 형이상학적 개념 안에서 모든 대상과 현상 그리고 모든 과정은 그 본질적인 구성에 있어서 모순들을 내포하지 않으며 내부 파열을 지니지 않고 언제나 그 자체와 동일하다. 그것은 다양한 대상들과 여러 현상들 간에 차이성과 모순을 지닐 수 있지만, 동일한 것의 내부에서는 그럴 수가 없다. 또한 그것은 어떤 대상이나 어떤 현상을 개념적인 용어로 표현하려는 경우 사유 안에 모순으로 나타날 수 있다. 그때에 사유는 그 자체와 일치하지 않으면서 거짓을 유발하며 사유로서 존재하지 않는다. 대상의 내부에서 불일치와 모순은 있을 수 없다. 그렇지 않으면 그것은 거짓일 것이며 존재적일 수 없다.

이와는 달리 자연의 변증법적 개념 안에서 모든 대상과 현상 그리고 모든 발전은 그 안에서 대립적인 관계를 지니고 서로가 서로를 좌우하는 속성들이 우세를 가져오기 위해 계속적인 긴장관계를 유지하면서 생생하고 작용적으로 공존하는 식으로 이루어진다.

마르크스주의에 의하면 아리스토텔레스가 『형식논리학』에서 동일한 관계와 동일한 시간 안에 취해진 대상에 대해 모순된 판단을 내리는 것은 불가능하다고 언명하였을 때, 그는 그것을 올바로 파악한 것이라고 본다. 그렇지만 '형식적으로' 고찰된 사유의 비모순으로부터 사물 안에 모순적인 면들과 속성들이 공존하고, 따라서 그러한 사물의 반성인 사유가 판단 안에서 사물 자체에 포함된 내부 모순을 표현할 수 없다고 연역한 것은 올바로 추론한 것이 아니었다고 말한다.

> 사실 뇌의 변증법은 역사에 대해서와 마찬가지로 자연, 실재 세계의 운동 형식에 대한 반성일 따름이다.[2]

형식논리학의 차원에서 동시에 어떤 것이 존재하고 존재하지 않는다고 주장하는 것은 분명 모순이다. 그렇지만 변증법적 인식의 차원에서 실제로 존재하는 대상 안에 모순적인 속성과 경향들이 공존하고 그것들은 반성적 사유에 의해 표현된다고 주장하는 것은 아무런 모순도 포함하고 있지 않다.

마르크스주의 이론에 의하면 실재에 대한 변증법적 개념이 헤라클레이토스(Herakleitos) 이후 모든 시대의 철학적 사고 안에 살아 숨쉬고 있었지만, 그것은 오랫동안 교회와 부르주아 계급의 우세와 무지에 압도되어 꼼짝달싹할 수가 없었다. 전통적인 형이상학(17-18세기)은 기계론적 개념에 제한되고 부르주아적 이데올로기에 의해 옹호되었는데 그것은 내부 모순을 인정하지 않았다.

그러나 과학이 성장, 발전하는 19세기에 들어서서 전통적인 형이상학 위에 군림하게 된 변증법적 개념은 결정적인 것으로 나타났다. 그리고 실재에 관한 변증법적 개념은 과학의 자료들 및 인간 역사와 완벽한 조화를 이루게 되었다. 모든 현상들, 발전들 안에서 속성, 경향, 대립적인 면들을 발견한 것은 역사와 과학이다. 과학의 점진적인 발전은 실재의 본질적, 내부적, 모순적 성격을 더욱 명백히 밝히는 행위와 같은 선상에 자리하고 있다(예컨대 핵물리학, 화학, 생물학).

---

2 F. 엥겔스, 『자연의 변증법』.

모든 현상들은 내부 모순들로 이루어져 있다. 경험과 과학에 의하면 제(諸) 현상들 안에는 긍정적인 면과 부정적인 면, 과거, 현재, 미래, 생성과 사멸의 운동이 자리하고 있다.

② 대립물들 간의 상호 연관

각 현상들의 내부에 나타나는 대립적 경향은 어떤 의미에서 서로 간에 밀접한 연관성을 띠고 있다. 그것들은 서로가 서로를 전제하고 좌우한다. 서로 간에 긍정도 하고 부정도 하면서 그것들은 존재하고 있는 것이다.

운동의 실재성은 우리로 하여금 모든 대상의 내부에 있는 상호 종속관계와 대립을 이해하도록 하는 데에 도움을 준다. "운동은 시간과 공간의 본질이다. 이 두 가지 기본 개념은 연속성(Kontinuität)과 연속성의 부정을 표현한다. 운동은 연속성과 비연속성의 통일이다. 즉 운동은 모순이며 모순의 통일이다."(레닌)

운동 안에서 어떤 물체는 정해진 장소에 있고 동시에 정해진 장소에 있지 않다. 예를 들어 서울에서 10킬로미터 떨어진 지점을 달리고 있는 열차는 정해진 장소에 있으면서 한편 그 장소에 있지 않은 것이다.

연속성과 비연속성은 시간과 공간의 본질적이며 구성적인 요소다. 연속성과 비연속성은 서로 대립되며 서로가 서로를 좌우한다(운동-시간, 공간). 다른 것을 앞에 두고 어떤 것을 절대화함은 구체적 운동의 본질적 복합성을 파괴하는 것이다. 연속성과 비연속성은 서로가 서로를 내치면서도 서로를 요청한다. 그것들은 상호 긍정과 부정이라는 계속적인 긴장 관계 속에 공존하며 운동의 내부 모순을 구축하고 있다.

운동 안에서 발생하는 것은 다른 모든 현상이나 실재의 과정 안에서도 발생한다. 각각의 현상들 안에는 대립적인 면들이 현존함으로써 서로가 서로를 좌우하며, 끊임없는 투쟁 속에서 서로가 서로를 부정한다. 현상들과 세계 과정들의 자연적 발전은 바로 이러한 투쟁과 갈등에 의해 가능하다.

사회현상들 역시 이러한 법칙에서 예외적일 수 없다. 사회 내부에 모순적 상황이 팽배하고 커 나갈 때, 그것은 대립적 경향들의 투쟁이라는 관점에서 문제 해결과 관련된 발전이 촉진될 수 있다.

부르주아지 철학자들과 경제학자들은 자본주의 체제 내부에 그러한 모순이 있음을 알고 있으면서도 계급의 대립을 극복하기 위한 투쟁의 필요성을 인정하길 거부한다. 마르크스주의에 의하면 그들은 경제적 및 사회적 실재의 대립적인 면들의 부당한 분열을 위해 일한다. 모순의 현존을 강조하는 것만으로는 충분한 것이 되지 못하며, 상호 부정과 본질적인 모순을 강조해야만 한다. 그렇지 않은 경우 발전은 불가능하며 사회발전을 위한 유일한 도구는 헛된 것이 되고 만다.

대립물들의 투쟁은 사회의 발전과 촉진을 위해 첫째가는 기획이다. 이러한 내부 모순 혹은 갈등을 넘어서서 대상들과 현상들은 언제나 그 자체와 동일시될 수 있다. 진보계급이 사양길에 접어든 계급과 투쟁을 벌이지 않는다면, 그들 사이에 존재하는 모순들은 결코 해결되지 않을 것이고 사회는 발전될 수 없을 것이다. 적대계급 간의 조화와 평온한 공존만을 되풀이하는 기회주의적 사상보다 마르크스주의에 더 모순적인 것은 없다. 또한 계급투쟁보다 마르크스 학설과 하나 되는 것은 있을 수 없다. 사회발전의 실현은 계급투쟁을 통해서만 가능하기 때문이다. 사양길에 접어든 낡은 것은 새로운 것으로 대체되어야만 한다. 계급투쟁은 모든 자연을 관장하는 법칙인 대립물들의 통일과 갈등의 필사본이다.

2) 모순의 생성, 성장 및 발전 과정

① 내부 모순

마르크스주의자들에 의하면 우리는 대립물들의 갈등 속에서 모순의 생성, 발전, 해결, 소멸 과정을 밝혀야 한다. 갈등과 투쟁은 연속적인 단계를 통해 실현된다. 투쟁은 시초와 강화 그리고 해결의 출구를 지닌다.

이는 모든 대상과 현상이 그 자체와 결코 동일하지 않으며, 모든 모순에서 풀려난 절대적인 동일성이 아님을 의미한다.

레닌이 말하고 있듯이 "모든 대상은 모순의 총체다." 모든 대상은 언제나 어떤 모순들을 지니고 있다. 그렇다고 해서 모든 모순들이 대상 안에 늘 현존한다는 것은 아니다. 처음에는 없던 어떤 것이 그 다음 순간에 나타나고, 지금은 있는 것이 그 다음에는 사라질 수 있다. 이것은 그 어떤 모순도 결정적으로 즉시 현존하지 않는다는 것을 우리에게 말해 준다.

처음에 대상의 어떤 모습들은 단순한 차이성으로, 그 다음에는 날카로운 모순과 상호 부정으로 변화되면서 참된 대립자의 형식으로 나타난다. 자본주의에서 사회주의로의 이행을 결정짓는 것은 외부의 힘에 의한 것이 아니라 자본주의의 법칙 자체에 내재되어 있다.

이러한 모순의 형성과정은 마르크스의 상품 개념에서 잘 표현된다.

마르크스적 개념에 의하면 상품은 이중적인 성격을 지니고 있는데, 그것은 곧 사용가치와 비용가치라는 대립자 혹은 대립물의 일치인 것이다.

처음에 이 두 가지 가치 간의 대립은 전혀 날카롭지 않고 오히려 존재하지 않는 것처럼 보일 수 있었다. 사람들은 상품을 교환하기 위해 생산하지 않고 단지 그것을 개인적으로 사용하기 위하여 만들었다. 따라서 상품은 노동의 단순한 산물이며 고유하게 사적으로 사용되었다.

그 다음 순간 고유한 필요성의 단계를 넘어서서 다른 생산물들과 교환하기에 이른다. 예를 들어 곡식을 술과 바꾸고 옷감을 기름과 교환하게 되었으며, 식품들을 식품들이 아닌 다른 것들과 바꾸게 된 것이다. 그 결과 상품의 두 가지 성격 간에는 모순이 생겨나게 된다. 그러나 이것은 아직까지 극단적인 대립, 다시 말해 마르크스가 칭하는 참된 모순은 아닌 것이다. 이것은 모순의 시초이며, 두 가지 가치 간의 참된 투쟁의 출발점인 것이다.

교환의 폭이 점점 커지면서 사용가치와 비용가치는 결정적으로 서로 모순되기에 이른다. 상품은 상품과 돈으로 변화된다. 화폐의 형식 하에서 비용은 상품의 이용가치와 분리되며 자치적인 존재를 수용하기에 이른다. 따라서 상품 안에서 이러한 이중성격의 현존은 (처음에는 대립자로서 생겨나) 다음에 가서는 차이성으로, 그러고 나서는 참되고 고유한 대립과 모순으로 나타난다.

프롤레타리아트와 부르주아지 간에도 이와 같은 모순이 말해질 수 있다. 처음에 프롤레타리아트는 부르주아지에 대한 그들의 모순에 대해 자각하지 못한다. 그래서 그들의 모순은 기계와 반립(反立)되면서 실행되는데 그들은 자본주의자들이 아닌 기계가 그들의 적이라고 믿는다. 그들은 부르주아지의 측면에서 부르주아지의 적들과 대적하여 투쟁하고 그러고 나서 자본주의자들을 거슬러 투쟁한다. 결국 그들은 자본주의의 무효화와 거기에 따르는 사회주의의 승리를 굳게 믿는다.

지금까지 우리가 발한 바에 의해 우리는 내부 모순의 발전이 모든 현상과 모든 발전의 모체이며 원천이라고 연역할 수 있다. 그리고 무엇보다도 모든 현상과 과정은 그 고유한 발전양식을 갖고 있음을 알 수 있다. 이것은 그것을 특징짓는 내부 모순들이 고유한 것이기 때문이다. 따라서 모든 발전은 자기발전인 것이다. 유일한 운동방식이라든지 유일한 발전양식이라는 것은 존재하지 않는다. 무엇보다도 유일한 운동법칙은 존재하지 않으며, 모든 현상과 과정에 적용될 수 있는 유일한 기계론적 운동은 있을 수 없다.

자본주의에서 사회주의로의 이행을 결정짓는 외부적인 힘은 없고 단지 자본주의의 법칙 자체, 자본주의의 대립의 탄생을 필연적으로 이끄는 법칙들만이 있을 뿐이다. 그것은 사회주의다. 자본주의의 내부 모순은 필연적으로 사회주의로 흘러간다.

② 외부 모순

우리는 내부 모순과 함께 외부 모순을 살펴보아야 한다. 왜냐하면 모든 현상과 대상을 이 외부 모순에서 발견할 수 있기 때문이다.

이것은 무엇을 의미하는가? 모든 대상, 모든 현상은 대상 자체의 품 안에서 결정되는 일치와 모순이라는 내부 관계들을 통해 적합하게 된다. 각각의 현상들은 다른 현상들과 밀접한 관계를 맺고 있다. 우리는 동물의 세계와 식물의 세계에 대해 잘 알고 있다. 이 두 왕국 사이에는 상호성의 관계가 존재한다. 이 관계는 동물과 식물이 존재하기 위한 조건들이기도 하다. 우리는 인간 사회에 대해서도 잘 안다. 인간 사회는 고유한 내부 법칙과 내부 모순의 해결에 따라 성장하고 발전한다. 인간은 세계와 별도로 존재할 수 없다. 인간은 살아가기 위해 자연과 통교해야 하고 자연을 지배하기 위해 자연과 투쟁해야 한다. 자연의 몹쓸 힘을 정복하기 위한 이러한 투쟁은 대립자의 투쟁 형식에 입각한 것이다.

내부 모순과 외부 모순 간에는 괄목할 만한 유사성이 존재한다. 동시에 거기에는 중요한 차이점들도 있다. 가장 중요한 차이점 중의 하나는 내부 모순들이 대상의 본질 자체에서 발견된다는 점이고 필연적으로 대상을 동반한다는 점이다. 그리고 대상은 그 같은 모순들 없이는 결코 존재할 수 없다는 사실이다. 그렇지만 외부 모순은 대상의 본질 바깥에, 즉 본질을 떠나 존재한다(식물과 태양의 관계, 인간과 자연의 관계).

③ 내부 모순과 외부 모순의 상호 환원성

이 두 가지 형태의 모순 간에는 상호 교환의 가능성이 있다. 다시 말해 내부 모순은 외부 모순으로, 외부 모순은 내부 모순으로 화할 수 있다. 두 가지 종류의 식물들 간에는 제각기 다른 것에 대한 외부 모순을 지니고 있다. 그러나 이 두 가지 식물이 식물계라는 전체성 안에서 고려되는 경우, 각각의 식물에 있어 외부 모순이었던 것은 식물계라는 전체성 안에서는 내부 모순이 된다.

이와 같이 자본주의 체제와 사회주의 체제 간에는 치유 불가능한 외부 모순이 존재한다. 즉 이 두 가지 체제가 자치적인 것으로 고찰되는 경우 그러하다. 그렇지만 만일 세계 역사라는 과정 안에서 이 두 가지 체제를 고려하는 경우, 그 모순은 동일한 과정의 내부 모순으로 화하게 된다.

④ 내부 모순과 외부 모순 간의 관계와 역할

두 가지 형태의 모순들 간에는 결코 소홀히 할 수 없는 본질적인 관계가 자리하고 있다. 특히 그것은 다양한 현상들과 대상들의 발전을 시험하고 조사하는 경우 잘 드러난다. 두 개의 모순들은 서로 밀접히 연관되어 있어 하나가 다른 것과 무관하게 작동할 수는 없다. 특히 내부 모순은 외부 모순을 떠나서는 존재하지도 않고 작용할 수도 없다.

그럼에도 사물들이 발전을 목표로 삼는 경우 내부 모순의 기능은 외부 모순보다 탁월한 것으로 간주되어야 한다. 내부 모순의 기능이 외부 모순의 기능에 종속되는 곳에서 대상의 참된 발전이 이루어지기 위해서는 불가피하게 서로가 타협함으로써 가능하다. 그렇게 함으로써 내부 모순은 외부 모순을 이용하면서 필연적으로 본래의 목표를 향해 나아갈 것이다. 그렇지만 이것은 참된 발전에 관한 것이 아니라 균형감과 관련된 것이다.

엄청난 외적인 힘에 감싸인 물질과 자연 그리고 사회는 필히 정지상태에 있을 것이다. 그렇지만 이것은 필연적으로 작용하는 것으로 모든 개별 사물들의 발전을 내부로부터 촉진하는 내부 모순들을 거부하는 것을 의미할지도 모른다. 그렇다면 거기에는 상호간의 균형감이 자리할 수도 있다. 그것은 결정적인 상태로서의 균형이 아니라 일시적이고 잠정적이며 표면적인 상태의 한순간에 불과한 균형일 것이다. 대신 운동은 절대적이다.

무엇보다도 이것은 사회와 관련이 있다. 사회는 내부 모순에 대해 외부 모순의 우월성의 이론을 생각할 수 없는 사회다. 만일 그러한 개념의 사회라면 그것은 완전히 반동적인 취향을 지닌 사회라 할 수 있다. 모순은 투쟁 중에 있는 사회계급들 간에 균형과 화해의 실현을 지향한다. 이는 내부 모순의 결정적인 역할을 부정하는 가운데 계급 자체에 내재된 충돌을 무효화하고 적대적인 세력의 발전을 무효화하는 데서 가능하다.

사회는 자연과 사회 간에 외적인 충돌이 해결되지 않고서는 발전을 이룩할 수 없다. 이러한 외부 모순의 해결책은 사회를 지배하고 있는 원리에 의해서만 가능하다. 무엇보다도 그것은 내부 모순의 현존과 해결책에 의한 것이다. 그렇지 않고는 노동자들의 경우 새로운 사회주의적 발전의 조직을 이룩하는 데에 있어서 방해를 받을 것이고 자신들이 이룩해야 할 혁명적 과업에서 빗나가게 될 것이다.

결정적으로 중요한 역사의 순간에 외부 모순은 내부 모순보다 시간적으로 우월할 수 있다. 또 외부 모순의 즉각적인 해결책은 일차적인 중요성을 지니고 있는 것처럼 국가의 해방선쟁에서 내부적 갈등은 두 번째 선상으로 밀려나기도 한다. 이유는 시간적으로 사회의 모든 세력들은 억압에 반대하여 유일한 전선을 맞닥뜨려야 하기 때문이다. 그 전형적인 사례는 제2차 세계대전이나 러시아에서 반동적이고 진보적인 사람들이 그들에 맞서는 공동의 적과 싸운 일이다. 아무튼 외부 모순은 일시적이며 우월한 것이다. 그렇지만 이런 투쟁은 내부 모순의 존재를 무효화하지는 못한 것으로 그 해결책은 두 번째 시기로 연장된 경우다.

오늘날 역사적인 발전에서 보여준 사회주의와 자본주의는 세계의 역사적, 사회적 발전 내부에 위치한 적대주의적인 세력을 대표한다. 적대적인 세력들 간의 이러한 투쟁의 출구는 변증법에 의하면 자본주의에 대한 사회주의의 승리로 끝날 수밖에 없다.

자본주의는 자신 안에 와해의 싹을 지니고 있다. 대신 사회주의는 새롭고 생기 있으며 발전적인 에너지로 양육되고 있다. 이러한 사회주의는 낡고 퇴보적이며 반동적인 것에 늘 승리를 거두게끔 운명지어졌다. 세계의 사회주의의 재림은 수출품의 결실이 아닌 세계의 역사적, 사회적 제도 내부에 자리한 적대 세력들 간의 투쟁의 최종 결과다.

그러나 인간성의 지평에는 제국주의적 국가들에 의해 선동된 모호한 폭풍우의 구름들이 몰려들고 있다. 막강한 경제적, 정치적, 군사적인 세력은 외부에서 사회를 질식시키려 든다. 반동적인 국가들은 막 태어나는 사회주의의 힘을 파괴로 몰아가기 위해 백성에 대한 억압, 전적인 침략을 감행한다. 이는 파멸과 동시에 자본주의의 상승 안에서 드러나는 모순들로, 사회주의의 본질에 외적인 모순들로 간주되는 것들이다.

그럼에도 그 해결책은 탁월하다. 이제 그런 위협은 중지되어야 한다. 평화로운 공존과 경제적 경쟁심, 반동적인 국가들과 진보주의적인 국가들 간에 있어서의 처세방식은 외부 모순에 대한 절박한 해결책을 마련하는 일이다. 이때 내부 모순은 시간적으로 외부 모순에 대해 발길을 멈춘다.

마르크스주의자들에 의하면 반대들의 일치와 투쟁에 관한 법칙들의 최종적인 의미는 발전의 원동력과도 같은 모순들에 대한 막연한 표현에 제한되어서는 안 된다. 그것은 구체적으로 사회적 실재의 다양한 역사적 조건들에 적용되어야 한다.

3) 적대적 모순과 비적대적 모순

반대들의 일치와 투쟁은 모든 현상들과 발전에 있어서 일의적(一義的)인 것이 아니다. 각각의 종적(種的) 차이성에서 고찰된 현상들과 대상들이 다양하듯 그것들이 마주하는 반대들의 일치와 투쟁의 존재양식 역시 다양하다.

모순들로 말하자면 자연(물리학, 화학, 생물학)의 보이지 않는 세력들의 품 안에 기생하는 모순들도 있고, 어떤 것은 사회(사상, 예술, 학문)의 품 안에서 자생하고 있는 모순들도 있다. 여기서 우리는 인간들과 계급, 정당들이 활동하는 동일한 사회의 상이한 영역에서 마주치는 모순들이 늘 동일하지 않다고 말해야 할 것이다.

반대들의 일치와 투쟁은 어디에나 있지만, 현상과 모순들이 상이한 관계로 그것들은 다양한 방식으로 전개된다. 사회의 다양한 영역의 내부에서 모순의 다양한 방식을 고찰하는 데 있어서 우리는 망설이지 않고 적대적인 세력과 비적대적인 세력 간의 투쟁에서 사회적 세력의 가장 중대한 암시적 의미에 제한을 두고 고찰할 필요가 있다.

사회에서 모순들은 근본적으로 물질적 생산의 발전에서 생겨난다. 이러한 물질적 생산의 공동의 저변에서 계급과 경제적 투쟁, 정치적, 이념적 투쟁들이 발전한다. 이런 투쟁들은 상호 모순적으로 세력들의 다양성과 차이성에 따라 생겨난다.

모든 세력들 중에서 특별히 한 가지 주목할 만한 것이 있다면, 그것은 적대적 세력과 비적대적 세력이다. 이것들은 특별한 방식으로 사회의 실재를 특징짓는다. 비적대적인 세력은 사회진보의 촉진에 일치하여 확장된 사회 내부에서 작용한다. 적대적인 세력 역시 사회의 발전을 위해 작용하기는 하지만, 발전은 그들 간에 모순되는 두 개의 세력 중 하나를 제거하지 않고서는 이루어질 수 없다고 본다.

① 적대적 모순

적대적 모순은 사회 안에서 아주 근본이 되는 모순이다. 우리는 유기적인 자연 안에서 그런 것과 대응하는 요소들을 쉽게 찾아볼 수 있다. 그러한 것은 오히려 존재가 무엇이고 어떻게 작용하는지를 더 잘 이해하게끔 해준다.

우리는 자연 안에서 식물들과 유기체들을 마주할 수 있는데, 이런 것들은 다른 식물들과 유기체들을 먹어치운다. 약은 치료 목적에서 이러한 소규모 유기체들의 종(種)들을 유익하게 사용한다. 이렇게 종들은 인간의 유기체에 유해한 결과를 가져오는 다른 세균들을 죽일 수 있다. 이렇듯 동물들과 식물들의 종들 간에는 어떤 적대관계가 있다고 말할 수 있다.

적대주의에 대한 유사한 상황으로 결정적인 사회적 세력들 간에 그 무언가가 발생하는 경우가 있다. 세력들 간에는 어떤 지점에 이르러서 아주 근원적인 모순들이 발생하는데, 그것들의 해결책은 동일한 것 중의 하나를 전적으로 괴멸시키지 않고서는 주어질 수가 없다. 세력들이 있는 사회 안에는 이렇듯 모순이 현존하는데, 그것은 그들 상호간에 화해 불가한 모순으로 반대적인 힘의 파괴에 이르기까지 인도하는 투쟁 안에서가 아니라면 달랠 수 없는 모순이다.

이런 형태의 화해 불가한 적대주의는 인간관계와 사회관계의 다양한 형태에서 마주할 수 있다. 예컨대 제국주의적인 국가들의 상호관계에서, 식민지와 식민주의들 사이에서, 영주와 농노 사이에서, 부르주아지와 프롤레타리아트 사이에서 그러하다.

그렇지만 무엇보다도 착취자와 피착취자 간의 관계들 안에서 적대주의적 형식들 간의 투쟁이 생겨난다. 피착취자와 착취자의 범주는 적대적인 세력들의 투쟁을 덧보태고 승화시킨다.

마르크스주의에 의하면 역사는 이 점을 잘 보여주고 있다. 제국주의자들과 봉건귀족, 영주와 부르주아지, 왕권과 제단들은 백성을 착취하는 일에 늘 하나가 되었다는 것이고, 그 어떤 이유로 그들 간에 불협화음에 휩싸여 있을 때에도 그런 행위는 일체 멈추지 않았다는 것이다. 피착취자와 착취자는 모든 사회의 역사를 구슬프게 표기하는 범주를 구축했고, 그것은 두 개의 정당들 간의 투쟁이 착취자에 대한 피착취자의 결정적인 우월성을 포기하지 않고서는 결코 사라지는 일이 없을 것이라고 본다.

② 비적대적 모순

비적대적인 형태의 모순들은 사회주의화된 사회의 품 안에 존재하고 또 거기에 자리하게 될 것이다. 적대성이 해소된 동일한 것들의 특징은 투쟁의 면면이나 요소가 극단으로까지 밀리지 않는다는 것이다. 투쟁은 존재한다. 그렇지만 조화(accordo)의 요소는 그 위에 펼쳐진다. 반대되는 세력이 합치된 구성요소들은 반대의 요소들을 넘어서 확산된다.

한편 우리는 일련의 비모순적인 형태들을 열거할 수 있다. 즉 같은 사회 내부에 위치한 농부와 노동자 간의 반목, 노동자와 학생 간의 반목, 정신노동과 막노동 간의 반립, 진보주의자와 보수주의자 간의 반립 등이 바로 그러하다.

이런 세력의 반목은 존재하지만 그렇다고 해서 그것들이 적대적인 특성을 갖고 있는 것은 아니다. 이런 힘들은 투쟁을 심화시켜 나가거나 날카롭게 끌고 나가려는 경향이 없다. 오히려 그것을 점차적으로 극복하려 든다.

이런 비적대적인 반립들은 날카로워질 수 있는데, 그것은 그것들의 객관적인 경향에 의한 것이 아니라 정치적, 이념적, 경제적인 면에서 문제들을 잘못 제기한 경우에 그러하다. 이와 관련하여 레닌은 공산당의 정책적 실패는 노동계급과 농민계급 간의 분열을 조장할 것이라고 일침을 가한 바 있다.

소련은 사회주의적 사회를 건설하는 데 있어서 이러한 비적대적인 모순들이 유발되는 것을 회피하고자 계속적인 보호와 경계심을 늦추지 않았다고 전해진다. 그렇게 해서 차츰 사회주의적 체제의 내부에 자리할 수 있었다.

이런 목적에서 하나의 세력-지침(force-guide)과 러시아 공산당은 최상의 중요성을 지닌 것으로 나타났다. 이런 세력-지침은 시간 안에서 대립자들의 반항을 발견하고, 가능하고 완전한 치유를 준비하며 인민의 발전과 선익을 향한 사회의 동력을 보장하기 위한 것이다.

사회주의화된 개별 사회들의 내부에서 사회주의의 건설을 보장하기 위해 세력-지침이 필요한 것처럼 하나의 세력-지침은 국가 공동체 안에서도 필요하다. 이는 곧 세상에 사회주의를 건설하기 위해 요구되는 과업이다.

소련에서 러시아 공산당에 의해 대표되는 것은 세계 안에서 소련에 의해 대표된다. 이 연방은 세계적 사회주의의 건설을 위한 국가의 지침인 것이다. 다시 말해 소련의 세력-지침은 모든 개별 국가의 내부에서 그러하듯 공산당이다. 그리고 세계 안에서 세력-지침, 즉 세계적 체제의 내부에서는 공산화된 러시아 국가다. 이런 세력-지침의 기능은 변증법적 유물론의 이론적인 원리들과 완전히 일치한다.

여기서도 투쟁의 해결책에 도달하는 데 있어 만나게 되는 어려움들은 결코 평가절하할 만한 것이 못 된다. 불완전한 것들의 원천을 해결하는 일은 늘 쉽지만은 않다. 그것은 시간을 필요로 하며 역사적, 사회적으로 성숙한 상황을 필요로 한다. 그뿐만 아니라 인내심과 선견지명을 필요로 하는데 그렇게 함으로써 잘못된 노선을 바로잡을 수 있다. 이것이 바로 세력-지침의 전적인 과업인 것이다.

모든 형태의 모순은 투쟁에 의하지 않고서는 해결되지 않는다. 비적대적인 세력의 반립자 안에서만 투쟁은 더 잘 조종될 수 있다. 비적대적인 세력의 대립자 역시 투쟁에 의해서가 아니라면, 다시 말해 낡은 것에 반하는 새로운 것의 투쟁 안에서, 노화된 것에 대한 발전적이고 진일보한 것의 투쟁에서, 보수적이고 엄격하고 관료적이며 후진적인 것을 극복하는 투쟁 없이는 해결될 수 없다. 모순들의 본성에 따라 투쟁 형식들은 변화한다.

비적대적인 세력의 대립을 극복하기 위한 더 효과적인 수단은 비판과 자아비판 안에서 탐색할 만하다. 비판과 자아비판은 투쟁의 새로운 형식들로 사회주의화된 사회 건설을 위한 역사적 조건들의 지상에서 싹튼 것이다.

4) 근원적인 모순과 비근원적인 모순

여기서 중요한 모순이 하나 더 있다면 그것은 근원적이면서 비근원적인 것에 있어서의 모순이다. 이는 사회의 발전과정에 있어서 변증법이 어떻게 기능하고 있는지를 더 잘 이해하게끔 해준다.

모순들은 모순이라는 관점에서 서로 간에 별반 차이점이 없지만 그런 모순들은 고유하게도 상이한 실재로 이루어졌다. 그렇지만 모순들은 '근본성'이라는 특징으로 말미암아 서로가 서로에게 구별된다. 이는 현상들이 부요하게 되는 모순들의 복합상태에서 어떤 모순은 근원적인 역할을 담당하고 또 어떤 모순들은 이차적이며 유래된 형식의 모순의 역할을 담당한다는 것을 의미한다.

이런 이유로 말미암아 사회적인 현상 자료와 도입할 만한 전략과 전술을 부여하는 데에 있어서 하나의 모순이 다른 모순에 대해 갖고 있는 중요성과 차이성이 도대체 어떤 것인지에 대해 잘 알아야만 한다. 실제로 역사의 한 순간에는 근원적이다가 또 다른 순간에는 그것을 멈추는 일, 또 제이차직이다가 어느 순간에 가서는 중요한 역할을 떠맡는 모순들을 우리는 볼 수 있다. 그러니 우리는 사회 안에서 어떤 모순이 근원적이고 또 결정적인 모순의 역할을 하는 것인지 잘 통찰해야만 한다.

대상들의 본질 자체를 표현하고 시초부터 종국까지 그 발전을 좌우하는 모순들은 근원적이라고 말해진다. 따라서 그 밖의 모든 모순들은 유래된 것이며, 그 해결책은 원천적인 모순이 해결된 결과 외에 다른 것이 아닐 것이다.

자본주의 체제 안에서 근원적인 모순의 전형적 사례는 생산의 사회적 특징과 착복과 관련된 사적, 자본주의적 특성이다. 체제의 다른 모든 모순들은 이런 근본적인 모순에서 생겨난다.

근원적인 또 다른 전형적인 사례는 사회주의의 사회적 경제체제와 자본주의의 반사회적 경제체제 사이에서 비롯된다. 이러한 원형(原型)의 모순에서 다른 모든 모순들이 연이어 발생한다.

이러한 구별의 중요성은 구체적 상황의 근원성이 근본적으로 변화된다는 사실에서 비롯된다. 이런 상황의 전복 가능성은 어떤 모순들이 근원적이고 또 이 모든 것이 해결되기 위해서는 무엇이 필요한지, 또 어떤 요소들을 즉각적으로 개입할 것인지 알 수 있는 비판 기준을 마련해 준다고 마르크스주의자들은 지적한다.

5) 내용과 형식

내용과 형식은 발전과정을 이해하는 데 있어 두 가지의 중요한 범주다. 모든 과정은 고유한 내용과 형식을 갖고 있으며, 이 두 가지 요소들 사이에 존재하는 상호 연관과 상호 대립을 이해하지 않고서는 발전과정을 완전하게 이해할 수 없다.

내용은 대상의 기초로 대상의 질적 특색을 규정한다. 형식은 내용의 존재방식이며 내용의 존재를 가능케 하는 내부 구조다. 예컨대 한 권의 책의 내용은 전 작품을 꿰뚫고 흐르는 사상이며 주제이고 줄거리다. 그리고 그 책의 형식은 사상이 표현되고 형성되며 정교화되는 방식이다. 생산력은 생산체계의 내용이며 사회적 생산관계는 그러한 힘이 사회 안에서 구비되는 사회적 형식이다.

내용과 형식 간에는 변증법적 상호관계가 존재한다. 양자는 통일성을 이루며 하나는 다른 것 없이 존재할 수 없다.

모든 대상에는 언제나 내용과 형식이 있는데, 거기서 본질적인 역할이 수행된다. 형식 앞에서 내용은 결정적인 기능을 담당한다. 그리고 내용은 고유한 형식을 일으킨다. 형식은 임의적인 것이 아니라 내용에 의해 규정되는 것이다. 비록 내용이 형식 없이 존재할 수 없을지언정 그것은 이 두 가지의 연관과 통일의 기초다. 비극적인 생각이나 사고는 희극적 형식으로 표현될 수 없으며 희극적 사고가 비극적 형식으로 표현될 수 없다.

자본주의 경제구조(내용)는 거기에 부합하는 상부구조(형식)를 유발시킨다. 그리고 이 구조는 사회주의 상부구조와는 전적으로 다른 것이다. 이와 같이 서로 다른 자본주의와 사회주의의 경제구조는 상이한 상부구조를 유발할 것이다.

한편 형식은 발전 속에서 능동적인 기능을 수행하며 발전에 결정적인 영향을 미친다는 것을 말해야 한다. 그것은 긍정적인 면에서나 부정적인 면에서 영향을 미치는데, 발전을 촉진하거나 저해한다는 면에서 그러하다.

사실 형식과 내용에 있어서는 변증법의 어떤 범주들에 있어서 발생하는 것과 유사한 어떤 것이 발생한다. 그것들은 고정되고 정화된 어떤 것들이 아니다. 그것들은 운동하며 서로 간에 변화될 수 있다.

예를 들어 생산관계는 생산력과 비교할 때 형식이다. 그러나 그것을 일으키는 정치적 상부구조와 권력 그리고 이데올로기적 형식과 비교해 볼 때 그것은 내용이다. 따라서 그들 간에 존재하는 상호관계가 항상 완전한 조화를 이루고 있지 않음이 발생할 수 있다. 형식과 내용은 통일이지만 그것은 변증법적 통일이며 대립물들이 통일되는 한 그것들은 대상의 상이한 요소들이며 서로 다른 면들이다. 여기서 양자 간의 조화가 깨질 가능성이 발생한다. 내용은 형식보다 더 강조된 유동성을 지닌다. 그리고 형식 역시 가변적이지만 내용보다 천천히 더 느리게 변화한다.

대상들의 발전에 있어서 일차적으로 변화를 겪는 것은 내용이다. 형식은 제이차적인 순간에서만 대상의 내용에 산출된 변화들에 적응한다. 이런 차이점으로 인해 같은 대상의 이 같은 두 가지 요소들 사이에는 변증법적 관계가 생겨난다. 이러한 변증법적 관계는 때때로 발전을 자극하지만, 때로는 발전에 제동을 걸기도 한다.

형식이 내용과 완전한 일치를 이루었을 때 형식은 자극적인 기능을 수행한다. 안전성이 주어지는 형식은 가장 훌륭한 방식으로 표현되는 내용에 동의하며 내용과 대상의 충만한 발전에 이바지한다.

이와는 달리 형식이 대상 안에서 작용하는 변화들 안에서 내용과의 행보를 달리한다면(이는 형식이 내용보다 더 안전성을 지닌다는 의미에서 생겨날 수 있다) 그때에 형식은 발전에 자극이 되기보다는 방해물이 된다. 형식과 내용 간의 불균형이 이성적 가치 안에서 지속될 때까지 형식은 생산력의 발전에 늘 긍정적인 영향을 미치지만, 그 불균형이 근원적인 것이 되어 두 가지 요소들 간의 모순이 너무 거슬릴 경우에는, 형식은 발전의 요소로부터 오히려 발전을 가로막는 요소로 변질된다.

낡은 형식과 새로운 내용은 모순을 유발하지 않을 수 없기에 거기에는 투쟁이 발생하고 발전이 있기 마련이다. 사실 투쟁은 낡은 형식이 새로운 형식으로 이행될 때까지 멈추지 않을 것이다.

그러나 이러한 이행은 늘 쉬운 것만은 아니다. 상대적 자지성을 누리는 가운데 형식은 언제나 새로운 내용에 의해 자동적으로 제거되지는 않는다. 그것은 낡은 형식이 있음으로 해서 이익을 얻는 정당들과 사회계층이 있어 그것에 대한 관심이 계속 주어지기에 형식은 계속 저항한다.

아무튼 낡은 형식이 새로운 내용에 저항하고 정당들이 그런 형식의 사라짐에 반대하는 것은 낡은 것에 대해 새로운 승리를 말해 주는 변증법의 법칙에 의할 것 같으면 치명적이다.

그러므로 내용과 형식 간의 관계에 대한 올바른 평가가 요청된다. 구태의연한 형식이 새로운 형식 앞에서 사라지는 것은 항상 필연적인 것만은 아니다. 형식과 내용의 변증법에 대한 올바른 이해는 형식을 절대화하지 않고 경멸하지도 않는 이 두 가지의 극단적인 대립을 피하는 것에 익숙해지는 데 있다.

이것은 한편으로 전에 주어진 형식이 단 한 번 주어진, 즉 절대적인 어떤 것으로 생각하기 때문에 이제 그것을 바꾸는 데 두려움을 갖지 말아야 한다는 것을 의미하고, 다른 한편으로는 이미 다른 형식이 존재하고 있는 동안 어떤 형식이 생겨났다는 단순한 사실만으로 모든 형식이 필히 바뀌어야 한다는 것은 아니라는 뜻이다. 낡은 것일지라도 결정적 형식이라면 그것은 아직까지 유효하다. 우리는 형식에 대해 과대평가나 과소평가를 하지 말아야 한다.

아무튼 내용과 형식의 변증법은 인간 활동에 있어 가장 괴리된 분야와 관련하여 형식과 내용 간의 정확한 관계를 제시할 줄 알아야 하는 것이다.

4. 부정의 부정의 법칙

1) 세계발전에 있어 두 가지 개념

자연은 운동 중에 있다. 실재(實在)는 다름 아닌 양적 존재방식에서 질적 존재방식으로의 이행이다. 모든 대상과 현상 그리고 발전은 대립물들의 통일이며 다른 것을 제거하고 각각의 것을 긍정하기 위해 계속적인 긴장관계 속에 머물러 있다. 부정의 부정의 법칙은 완전성을 향해 나아가는 자연의 계속적인 발전에 관한 표현이다. 그것은 낡은 것의 소멸과 제거, 새로운 것의 생성과 성장을 통해 가능하다는 것이다.

우리는 이러한 모든 물질의 거대한 흐름이나 세계 실재의 변화과정이 자연, 세계 및 인간을 위해 옹호할 만한 가치가 있는 것인지, 그렇지 않은지를 물어야 한다.

이와 관련하여 과학자, 철학자, 사회학자들의 낙관주의적 개념은 지난 세기말을 거치면서 비관주의적 개념으로 대체되었다. 요즘에 와서도 흔히들 말하고 있듯이 인문과학, 사회과학 그리고 자연과학의 모든 영역에 있어서 발전은 결국 우주적 재앙으로 끝나고 말 것이라고 진단한다. 학문과 기술의 발전이 인류의 자기파멸의 싹을 틔운다고 말하는 정치가들, 사회학자들, 학자들의 증언을 찾아보는 일은 그리 어려운 일이 아니다. 여기서 지칭하는 파멸이란 인간의 문화적인 차원에 그치지 않고 정치, 사회, 역사, 자연의 전 분야와 관련된다. 그래서 슈펭글러는 유럽의 사양길을 예언했을 뿐만 아니라 우주의 죽음까지도 선언한 바 있다.

이와는 달리 마르크스주의 개념은 근본적으로 낙관적이다. 자연의 발전 일반은, 즉 특별히 사회발전은 상승적인 선을 통해 필연적으로 이루어진다. 자연적, 역사적, 사회적 현상들은 계속해서 부정되고 더 완전한 단계를 거치면서 새롭게 생겨난다. 위에서도 언급하였듯이 부정의 부정의 법칙은 낡은 것의 소멸과 제거, 새로운 것의 생성과 성장을 통해 완전성을 향해 나아가는 자연의 계속적인 발전에 대한 일반적인 표현인 것이다.

2) 발전과정에 있어서 변증법적 부정의 본질과 역할

제1, 2법칙에서도 우리가 보았지만 부정은 어떤 부분적인 기능으로 나타나지 않고 본질 자체에 속하는 것이다. 즉 제일 법칙의 양적인 것에서 질적인 것으로의 변화 이행은 선행하던 성질이 부정되어 새로운 질이 주어져야 가능했던 대립물들의 투쟁 안에서 대립물 중 하나의 승리는 다른 대립물의 제거를 필연적으로 요청하였다.

부정은 외부로부터 부여되는 것이 아니라 현상과 발전의 내부에서 생겨난다. 엥겔스에 의하면 참된 변증법적 부정은 유일한 현상의 내부에서 비롯되는 대립물들의 구분이다. 따라서 부정은 내재적 요인이며 발전을 위해 절대적으로 필요시되는 조건이다.

마르크스주의적 전망에 의하면 부르주아지 품 안에서 부르주아지가 창조한 체계에 대항하여 싸우는 프롤레타리아트 투쟁은 외부적인 어떤 것, 즉 부르주아지 체제를 떠나 그 외부에 있는 어떤 것이 아니다. 그것은 자본주의 내부에 있는 것으로 프롤레타리아트는 바로 이 자본주의에 대한 부정인 것이다. 이런 면에서 자연, 사회, 역사의 발전에 있어서 부정의 역할이 얼마나 중요한 것인지를 잘 알 수 있다.

식물의 성장에 있어서 줄기에 대한 꽃의 부정, 꽃에 대한 열매의 부정은 부정의 형식을 말하는 좋은 사례다. 이와 마찬가지로 사회발전을 위해서는 낡은 사회체제에 대한 새로운 체제의 부정이 필수적이다. 이러한 부정의 요소 없이 사회는 썩은 물이 고여 있는 습지와 다를 바 없는 것이 되고 만다.

3) 발전의 조건 및 연속성의 표현으로서의 부정

부정 자체만은 발전에 있어 특별한 의미를 지니지 않고 그것을 변증법적 요인으로 받아들일 때에만 발전의 원천으로 작용할 수 있게 된다. 변증법적으로 이해되는 부정은 긍정적인 것이라고는 아무것도 포함하지 않는 순수 부정 내지 절대 부정이 아니다. 그것은 자기 안에 발전의 가능성을 포함하는 부정이다. 그것은 꽃에 의해 작용된 줄기의 부정이며 열매에 의해 작용된 꽃의 부정이다. 즉 식물의 성숙을 동의하는 부정인 것이다.

절대 부정은 무의미한 부정이다. 그것은 가장 안티적인 의미의 반변증법적이라 할 수 있다. 그것은 회의주의나 허무주의로 우리를 인도한다.

변증법적 기능 안에서 부정은 부정적 요소와 함께 자기 안에 무엇보다도 긍정적 요소를 내포한다. 그것은 자기 안에 이행과 연관하여 긍정적인 것의 보존 요인을 내포한다.

또한 부정은 발전의 파괴 내지 파손이 아니라 연속성이다. 그리고 발전의 상이한 단계에 있어 부정되고 긍정된 것 사이에서 낡은 것과 새로운 것 사이에 있는 연관이다. 새로운 것은 아무것도 아닌 무에서 나오지 않고 낡은 것에 그 뿌리를 두고 있다.

마르크스주의의 전망에서 사회주의를 건설하고자 하는 사람이 이전의 모든 문화를 전적으로 거부하면서 새로운 사회주의적 문화를 건설하려 한다면, 그는 어리석고 불합리하게 행동하는 격이 된다. 부정의 대상이 되는 것은 죽어버린 요소들, 다시 말해 노동계급의 이용과 본질적으로 연관되어 있는 과거의 계급문화의 요소들인 것이지, 살아 있는 세계문화의 자산이나 풍요로움을 구성하는 요소들이 아니다.

4) 발전의 상승적 특징과 형식

부정은 두 가지 현상들 간에 존재하는 필연적 연관을 표현하고 서로의 발생을 좌우하는 것인 한에서 발전의 필수적인 요소다. 그러면서 그것은 동시에 자연이나 사회 혹은 인간 사고 안에서 발전 자체의 기본 방향을 규정하는 데에 동의한다.

앞에서도 언급했듯이 변증법적 부정은 순수 부정이 아닌 새로운 것 안에서 낡은 것의 가치와 효력을 부정함이다. 따라서 새로운 질은 언제나 고차원적인 기반에서 출발하는 가운데 주어진다는 것이 따른다. 따라서 다음 단계의 새로운 현상들의 산출은 필연적으로 '발전적', '상승적'이라는 특성을 띠게 된다. 저질적인 것이고 극복된 것은 사라지고 만다. 그리고 더 강력하고 가치 있는 것은 살아남는다. 결과는 언제나 질과 현상들과 과정들에 있어서의 합성이다.

이 같은 주기는 결코 끝나는 법이 없이 지속될 것이다. 하나의 과정이 끝나게 되면 바로 다른 과정이 시작될 것이다. 각각의 새로운 단계, 모든 새로운 주기는 이전의 것을 결코 반복하지 않고 늘 고차원적인 상태에 놓인다. 그렇지만 그것이 결정적인 것은 아니다.

우리는 봉건사회와 자본주의, 사회주의에 있어서 생산 주기와 관련된 한 가지 예를 들 수 있을 것이다. 봉건주의의 부정인 자본주의가 생산을 조직화했을 때, 그것은 제로 상태에서 출발하지 않고 기존의 생산 기술 수단을 사용했으며, 새로운 학문과 기술의 발전을 이용하면서 그것을 변화시켜 더 완전한 모습을 갖추었다. 그 결과 자본주의는 고도로 발전된 기술을 구비한 현대의 엄청난 기계화 산업을 창조해 낼 수 있었다.

자본주의의 부정인 사회주의 역시 제로 상태에서 출발하지 않고 고도로 발달된 자본주의의 기술과 거대한 기계산업으로부터 출발한다.

이처럼 이 체제에서 저 체제로의 이행은 무효화되고 효력을 상실한 모든 체제를 부정함으로써 발생한다. 동시에 이러한 부정은 체제를 발전시키고 완성시킨다.

과거로부터 인간은 재(ashes)를 상속받지 않고 생명을 유지시키는 살아 있는 불꽃을 넘겨받았다. 이것은 무엇인가를 항상 더 높이 끌어올리게끔 한다. 원시인의 보잘것없는 도구는 생산도구의 궁극적인 발전을 가능태적으로 포함하고 있었다. 운동은 계속해서 이어지기에 인간은 오늘날의 기계로부터 석기시대의 도구 사용으로 추락하는 일이 결코 없을 것이다.

5) 부정의 부정 법칙의 정신은 왜?

실재를 그 발전에 있어서 깊이 분석하는 경우, 그것은 하나의 부정 안에서만 형성되지 않고 어떤 부정의 다발 내지 이중적인 부정 안에서 형성된다.

모든 질은 어떤 부정에 의해 생겨난다. 그런데 이 성질은 자기 차례가 오면 필연적으로 부정되기 위해 만나야 한다. 발전은 고유하게 이루어지는 것이 아니라 계속적인 갈등과 투쟁 및 모순을 통해 가능하다. 이중적인 부정의 필연성은 발전의 모순적인 특징과 대립물들의 통일과 투쟁에서 생겨난다.

토론석상에서 반대되는 의견과 이론이 서로 충돌하듯이 자연의 발전에 있어서도 반대되는 성질들 간에 갈등이 있으며, 사멸해 버린 요소들에 대한 부정과 함께 새로운 요소의 긍정적인 면들에 대한 수취(收取)가 작용한다. 이 같은 과정이 이루어진다고 해서 거기에 어떤 부동성(不動性)이 자리하는 것은 아니다. 오히려 즉각적인 역동성이 작동하고 이전 단계의 부정이었던 것에 대한 부정이 생겨난다. 따라서 발전은 더 높은 차원을 향해 계속된다.

좀 더 구체적으로 부정의 부정 법칙의 발생 사례는 사회 역사의 서로 다른 기간을 통한 생산과정에서 찾아볼 수 있다. 기계를 도입하여 사용하기 전에 상품의 생산과정은 유일한 노동자의 몫이었다. 한마디로 인간은 보편적 의미의 노동자였다. 그는 양털을 깎고 옷감을 짜며 옷을 재단하는 데 열중했다. 모든 생산공정은 유일한 생산자에 의해 이루어졌다. 그러나 기계와 전문직종이 생겨나면서 생산은 여러 가지 형태로 세분화되었다. 여러 직종에 종사하는 노동자들이 생겨나는가 하면 전문가들도 출현하기에 이르렀다. 그렇지만 이후 자동화로 인해 전문가들 역시 사라실 운명에 놓이게 되었다. 왜냐하면 노동자의 전문직은 자동화된 기계로 이양되어 충분히 처리될 수 있는 까닭이다. 이제 기계는 보편적인 노동자의 모습을 취하면서 전문인에게 유보된 모든 것을 해내고 있다.

보편적 노동자가 전문화된 노동자에 의한 부정이라면, 전문화된 노동자는 또다시 보편적인 노동자에 의해 부정된다. 그러나 후자의 보편적 노동자는 생산이 시작되던 초기의 보편적 노동자보다 더 높은 차원에 있는 노동자다.

따라서 모든 과정에는 일단 긍정의 요소(과정의 존재)가 있다고 볼 수 있다. 그리고 거기에는 부정의 요소가 뒤따른다(다른 과정의 존재로의 이행). 그리고 마침내는 부정의 부정, 새로운 과정에 대한 긍정이 있다(처음의 부정을 통해 생겨났던 요소에 대한 부정). 이처럼 주기는 무한히 계속된다.

이것은 마르크스적 전망 안에서 부정에 대한 부정의 법칙이 얼마나 중요한 것인지를 이해하게끔 한다. 모든 부정 안에서는 이전의 활력에 넘치고 가치 있던 모든 것, 취해지고 정교히 다듬어지고 종합된 모든 것이 다음 순간에 가서는 사라진다. 이와 같은 방식으로 모든 발전, 즉 하위적인 것에서 상위적인 것, 단순한 것에서 복합적인 것, 불완전한 것에서 완전한 것으로의 상승 요인은 실질적인 것이 된다고 본다.

실재에 대한 마르크스의 분석이 자연, 인간, 사고 및 사회 안에서 발견해 낸 것들로는 다음과 같은 것들이 있다. 즉 자연 안에서는 무기물의 세계에서 유기물의 세계로의 이행, 사고에 있어서는 초기의 통속적인 유물론에서 변증법적 유물론으로의 이행, 사회 안에서는 생산도구와 윤리적, 도덕적 원리들의 계속적인 완성들이 바로 그런 것들이다.

6) 실재의 상승적 발전의 복합성

지금 우리가 말하고 있는 것은 단순하게 이해할 수 있는 성질의 것이 아니다. 다시 말해 모든 개별 실재와 대상 혹은 현상의 영역에서 발전의 상승과정은 언제나 필연적으로 발생한다는 것이다.

법칙은 그 복합성과 전체성 안에서 이해되는 실재에 대해 타당한 것으로 나타난다. 그 대신 각 부분에 있어서 결정적으로 사라지는 대상들과 현상들의 퇴보와 소멸을 갖게 되는 것은 전혀 금기시되지 않는다. 예를 들어 유기적 왕국의 품 안에서 어떤 종(種)들은 나름대로의 시간과 번창한 존재를 지니고 있었지만 지금에 와서는 그것들이 결정적으로 사라졌다. 이는 발전의 상승적 과정의 법칙을 무효화하지 않고 오히려 확증하는 바다. 왜냐하면 유기체적 종의 진보적 완전성이 실현되고 그 종을 삶의 가장 낮은 단계에서 자유롭고 사유하는 삶의 폭발로 이끌었던 것은 개별 과정의 요소들의 사라짐을 통한 것이기 때문이다.

발전하고 상승하며 완선하게 되는 것은 전체성 안에서의 자연이다. 사회생활에 있어서도 적지 않은 체계들과 가치 있고 번성하는 시대들이 결정적으로 사라지게 된다. 그렇지만 그것들의 사라짐은 전체성 안에서 사회생활의 상승적 발전의 조건이었다.

실재의 어떤 분야에서 퇴보하는 요인은 부정의 부정이라는 변증법적 법칙의 본질로 다시 돌아감이다. 주어진 부문에서 성장과 발전은 필연적으로 다른 부문에서 퇴락과 사멸을 요한다.

그러므로 이 법칙에 따르면 규정된 분야와 규정된 시간 안에서의 퇴보적인 면들은 복합적인 발전과정의 필수요건이다. 때때로 퇴보적인 면은 주어진 현상과 대상의 전적인 사라짐에 이르기까지 다다르는데, 그때에 그것은 완전히 극복된 것에 관한 것이다. 그러기에 퇴보된 것은 영원히 작용할 수 없게 된다. 그렇지만 때때로 퇴보적인 어떤 면은 영속적인 상황으로 인해 현상과 대상의 완전한 내적 성숙에 다다르지 못하는 순간적인 것에 그칠 수 있다. 그러므로 순간적인 퇴보는 현시적일 뿐이며 현상의 완전한 성숙의 기다림이 되고 미래에 있을 승리의 조건들을 제공해 준다.

7) 나선형 식의 진보적 발전

전체성 안에서 파악되는 자연과 사회는 계속적으로 그 완전성을 실현해 나간다. 자연을 구성하고 있는 개별 영역 안에서 단죄되는 동일한 퇴보와 퇴화는 그 존재의 통합적 촉진을 위해 필요시되는 조건이다. 상승적인 진화과정은 직선형을 따르지 않고 새로운 충격을 받은 것처럼 과거로의 어떤 회귀를 거친다. 이것은 분명 완성된 진보의 결과적인 무용성을 지닌 채 출발점으로의 복귀와도 같다.

앞에서 살펴보았듯이, 부르주아지의 정신구조는 사회와 기술의 진보를 다르게 고찰하는 경향이 있다. 그러한 정신구조에 입각한 학문과 기술의 발전은 의심할 여지가 없다. 오늘에 와서 조직화된 의학적 탐구는 많은 질병들을 몰아내기에 이르렀다. 그리고 학문은 핵에너지까지도 유익한 목적을 위해 사용하게끔 하고 있다. 그럼에도 불구하고 이 모든 발전은 인간을 위한 효과적인 선(善)으로 제시되지 못하고 있다. 실현된 모든 학문적, 과학적 차원의 정복은 인류를 끔찍한 파멸의 구덩이로 몰아넣을 수도 있다.

마르크스주의 이론가들에 의하면 무엇보다도 이러한 부르주아지의 정신구조로 말미암아 발전이 상승적인 것으로 나타나는 한, 모든 것은 그 무화(無化) 안에서 치명적인 해결책을 맛볼 수밖에 없으며 또 그렇게 운명지어질 수밖에 없다.

마르크스주의에 의하면 이러한 부르주아지의 정신적 구조의 비관론적인 면들과 비교해 볼 때, 변증법에 의한 사실, 실재의 사건들과 발전에 대한 분석은 이와는 전적으로 반대된다. 새로운 변증법에 의한 발전은 늘 직선으로 상승하는 운동에 의해 확산되는 것이 아니라 오히려 출발점으로 다시 되돌아가는 듯한 동심적(同心的) 주기로 발전하는 것이며, 각각은 이전 것보다 더 상급적인 차원에서 구성된다. 따라서 우주가 모두 불에 타버려 없어진다 할지라도 영원한 물질은 그 운동을 상실하지 않을 것이며, 더 상급적인 차원에서 새로운 주기를 시작하게 될 것이다.

마르크스주의에 의하면 기술의 정복은 적대계급들로 분열된 인간에 의해 잔인하게 이용될 수 있다. 이러한 계급은 각각의 발전단계에서 인간 생명의 상실을 수반하게 될 것이다.

그런데 마르크스주의는 사실들의 실재는 자연과 사회발전이 비결정적으로 다른 것 위에 하나가 동심적 주기에서 늘 발생하고 있음을 확신한다. 실상 발전의 기반에는 모순이 있고, 이 모순은 언제나 새로운 것의 생성 및 승리와 더불어 해결된다는 것을 망각해서는 안 된다는 것이다.

이러한 나선형 식의 발전은 부정의 부정의 법칙의 결과다. 나선형 식의 발전 형태는 출발점으로의 복귀의 순간을 요청하는데, 이 출발점은 이전의 나선형으로부터 도달된 것보다 상급적인 단계에 위치하고 있다. 나선형의 끝은 이전의 시작보다 높은 차원으로 이어진다. 그리하여 발전의 주기들이 반복되는 가운데 그것들은 계속해서 상승적인 발전을 하게 된다.

마르크스는 『자본론』에서 사회발전과 관련된 전형적인 한 가지 사례를 들고 있다. 사회주의는 자본주의가 프티 프롤레타리아트를 부정하듯이 자본주의를 부정한다. 이 두 가지 부정들은 더 높은 차원에서(즉 더 이상 개별 생산자들의 사적 특성이 아닌 생산수단의 사회적 성격에서) 출발점으로 복귀한다. 노동자들은 더 이상 개별적으로가 아닌 집단적, 사회주의적 사회인 소우주의 거처로 되돌아온다. 부정의 부정은 기계적으로 출발점에 회귀하지 않고 이전의 발전단계들의 모든 정복들을 수집하고 종합하며 더 상급적인 주기의 단계 안에서 시작 단계의 어떤 특성들을 재생산한다.

이런 발전 형식은 부정의 부정이라고 불리는 과정의 본질에 밀접하게 묶여 있다. 두 번째 부정이 첫 번째 부정을 부정하게 될 때, 출발점에 현존하는 어떤 특성들이 새롭게 건설된다.

8) 법칙은 연역의 원리가 아닌 방법론적 원리다

부정의 부정의 법칙은 동일하게 모든 현상들에 부과되어야 하는 선험주의적(先驗主義的) 도식이거나 아니면 모든 실재의 발전을 연역하는 데 동의하는 원리로 고찰해서는 안 된다.

그것은 방법론적인 원리인 동시에 매우 일반적인 원리로 대상과 현상의 특수한 상황들에 대해 — 구체적으로 — 주의를 기울이고 또 그렇게 해야만 한다.

부정이 행해지는 방식은 각 개별 경우의 특수한 본성에 달려 있다. 변증법의 법칙들은 작용인(作用因)처럼 실재의 변화를 좌우하지 않는다. 그것들은 실재의 행동을 관찰하는 가운데 형성된 규정들이다. 거기에서부터는 아무것도 연역되지 않고, 단지 법칙들은 모든 것 안에서 발견되어야만 한다.

마르크스는 변증법의 법칙들에 기반을 두지 않는 자본주의의 재앙을 이끌어냈다. 이러한 자본주의의 내부 사실들은 내적 부식을 고발해 주는 것이었다.

엥겔스와 레닌은 부정의 부정의 법칙으로부터 자본주의의

패배와 사회주의의 승리의 불가피성을 이끌어내는 현명함을 마르크스주의에 되돌리는 사람들에 대해 별로 달가워하지 않았다. 그들에 의하면 그러한 사건은 자본주의 내부 실재와 그의 운명적 발전의 결과라고 보았다. 변증법은 사실들에 대한 분석 방법이며, 우리로 하여금 과학적 방법으로 무장하도록 하여 실재의 이해와 실천적 행동의 프로그램을 가능하게 한다.

9) 사회주의적 사회 내부에서의 법칙의 역할

변증법이 상이한 상황들 가운데서 서로 다르게 작용하는 것은 바로 이러한 방법론적 특성 때문이다. 사회의 객관적 조건들의 차이는 동일한 법칙을 적용하는 데 있어 어떤 차이점을 유발한다. 그것은 일반적인 법칙이기에 모든 형태의 사회에 총체적으로 작용한다. 그렇지만 적대계급으로 갈라진 사회 안에서는 적대계급들이 사라진 사회와 비교해 볼 때 그것이 다르게 작용한다.

계급투쟁으로 분열된 자본주의 사회에서 부정의 부정의 법칙의 파괴적 특성은 탁월하다. 거기에서 투쟁은 계급을 소멸하고 마침내 투쟁이 승리할 때까지 그 파괴력은 지속된다.

계급이 사라진 까닭에 계급투쟁이 자리할 수 없는 사회주의 사회 안에서는 부정의 부정의 법칙이 언제나 힘을 발휘하며 유효하지만, 그것은 파괴보다는 건설과 창조성이라는 특성을 지닌다. 사회주의에 의해 창시된 새로운 상태들에서 사회는 의식적으로 추진력 있는 부정들과 역사적으로는 진보를 위한 필수적 부정들을 엮어낸다.

한편 자본주의 안에서 낡은 것을 새로운 것으로 대체한다는 것은 착취계급에 의해 조직된 낡은 것에 대한 필사적인 옹호로 말미암아 극복하기 힘든 방해물로 대두된다. 그러나 사회주의 안에서 낡은 것은 그 누구도 그것을 옹호하지 않는다. 오히려 무익하고 비생산적인 것을 포기하고 다시금 발전되고 재건되며 영속적으로 새로워지려는 염려를 만인에게서 발견할 수 있다.

사회주의적 사회는 이러한 관심사들 안에서 발전에 필수적인 이 모든 부정들을 주저함 없이 실현해 간다. 또한 새로운 것이 생성되는 데 있어서 낡은 것이 방해물로 작용하는 것을 조금도 허용하지 않는다.

부정의 부정의 법칙에 관해 지금까지 우리가 전개한 바를 요약해 볼 때, 우리는 이 법칙이 주어진 발전과정의 순간에 생성하고 사멸하는 요소들 간에 순환하는 관계들을 조사하고 규정하고 있음을 알 수 있다. 이러한 관계들을 명시화하는 데 있어서 사라지는 요소들은 과정 자체의 공간에서 완전히 절멸(絶滅)되는 것이 아니라 더 이상 진화의 풍성한 도구가 되지 못하는 형식을 취하면서 새로운 상급적인 유용화를 위한 성질로 남아 있게 된다.

이처럼 부정의 부정의 법칙은 무의미하고 쓸모없는 것으로 끝나버리지 않고 더 궁극적이고 상위적인 발전을 위한 실질적 조건들을 발견하는 법칙으로 제시되었다. 그리하여 발전은 긍정적이고 활력이 넘치는 도구들을 유익하게 사용함으로써 이룩될 것이다. 마르크스주의에 의하면 그러한 도구들은 이전의 발전단계에서 생산되고 투쟁의 전복으로 솟아난 새로운 힘으로 부요해진 것이다.

제2부

역사적 유물론

서론

공산체제의 종주국이었던 소비에트 연방이 붕괴되고 대부분의 동구권 국가들이 이전의 틀에서 벗어나 자본주의 시장경제체제로 전환하면서 인간의 기본권, 특히 자유의 신장을 요구하고 나선 것은 마르크스주의에 의해 가속화된 인간소외를 더 이상 앉아서 보고만 있을 수 없다는 시대적 요청에 부응한 20세기 말의 전무후무한 사건으로 기록된다. 이는 변증법적 유물론이나 역사관에는 커다란 오류와 허점이 자리하고 있음을 분명하게 보여준 새로운 행동방식의 표명이라 아니할 수 없다.

20세기에 들어서서 인류의 3분의 1에 해당하는 이들이 새로운 사고와 이념을 삶 속에서 강요받고 또 실험 대상이 되었다는 사실은 마르크스의 실천적 사상이 그 영향력에 있어서 얼마나 강력하고 충격적인 것이었는지를 명백하게 보여준 사건이었음에 통탄하지 않을 수 없다.

고대 그리스 사상이 생겨난 이후 서구의 전통철학이 주로 사변적 형태에 머물렀던 것과는 달리, 마르크스 사상은 인간 삶의 구체적이고 현실적인 것과 관련하여 실존적 형태(Existenzform)를 고집하며 세계를 변화시키고자 했기에 이론적 측면에서 뿐 아니라 실질적인 측면에서 정치, 경제, 사회, 역사, 현실 전반에 걸쳐 괄목할 만한 영향력을 행사했던 것이 사실이다. 그렇게 해서 인간의 삶은 미증유의 특이한 방식으로 조종되고 지배되었던 것이다.

지금에 와서 심각해지고 있는 경제위기가 다시금 마르크스의 혼을 불러일으켜, 삶의 해결사 노릇을 해달라는 식의 요구는 진보나 좌파 진영을 필두로 가진 이들에게서 소외되어 구석진 그늘 한편에 아무렇게나 방치된 이들에게서 그 어느 때보다도 강하게 어필되고 있다. 이렇듯 마르크스주의에 대한 올바른 이해 없이 혁명가의 사상에 무작정 심취하는 이들뿐 아니라 이에 심정적으로 동조하는 이들 역시 점차 늘어나는 추세라면 세계는 또다시 엄청난 혼란에 빠질 수밖에 없다는 생각이 든다.

특히 자본주의의 온상에서 자라난 순진한 젊은이들이 마르크스 사상에 물들어 자본주의의 폐해와 맹점을 극복하려는 마음에서 유령처럼 나타난 마르크스와 엥겔스의 이론에 무작정 기대어 삶의 자리에 구차하게만 여겨지는 자본주의의 구습을 타파하고 이를 새로운 영으로 대체하고자 하는 무조건적 시도는 참으로 위험천만한 발상임을 주지할 필요가 있다.

물론 자본주의는 인간 삶을 대표하는 원천도, 이론도, 이념도, 체제도 아니다. 실제로 잘못된 자본주의의 흐름은 소수의 가진 자 주변에 엄청난 수효의 불우한 빈자와 극빈자들을 양산하는 천하에 몹쓸 사회 경제 체제일 수도 있기 때문이다. 마르크스주의는 바로 이 점을 노리고 있는 것이다.

어쩌면 또 다른 소외의 대명사라고 불릴 수도 있는 자본주의는 제도적 장치에 있어 인간이 사회 안에서 지닐 수 있는 사상과 이념들 가운데 좀 더 나은 것을 채택하여 운용할 뿐이지 자본주의 자체가 완벽한 경제체제가 아닌 것은 분명한 사실이다.

한마디로 사회 경제 체제에서 가장 완전한 '주의(Ismus)'는 자본주의가 아닌 자본주의와 사회주의 그리고 공산주의에서 가장 좋은 요소들만을 취사선택하여 만든 유토피아니즘(Utopianiusm)의 왕국일 것이다.

그러니 자본주의의 기성사회에 물들어 사는 현대인은 늘 주변세계의 흐름을 냉정히 직시하고 잘못된 부분을 과감히 뜯어고치려는 마음을 한시도 늦추어서는 안 된다. 특히 그 이느 때보다도 경제적 위기로 인해 고통과 어려움에 처해 있는 지금, 자본의 집중을 막는 경제 민주화의 정책을 실현하는 데 마음을 모으면서 만인이 공동선을 누리도록 하는 데에 최선을 다해야 할 것이다.

어떤 면에서 경험적이고 과학적이며 현실적인 사고 중의 하나로 지목받고 있는 마르크스주의는 현대 자본주의가 관념론적 사변을 악용하는 데 대한 건전하고 필수 불가결한 저항이라는 긍정적인 측면도 없지 않다. 그렇지만 마르크스 사상은 역사 안에서 인간을 지나치게 경제적 측면에 한정시킴으로써 인간 본연의 가치와 품위를 손상하고 평가절하했으며 기존의 가치관을 철두철미 전복시켰던 것이 사실이다. 이렇듯 문제를 고착화하고 정치, 과학과는 불가분의 관계를 맺으면서 기성 세계관을 일시에 뒤엎는 실천적 행동주의를 지향함으로써 심각한 문제점을 드러낸 사상으로 지목되기까지 한 것은 우연이 아니었다. 그리하여 지난 세기만 해도 마르크스의 사상이나 이론은 금기시되었다.

아무튼 그 끝은 소수의 학자들만이 예견한 공산정권의 붕괴로까지 이어질 수밖에 없었으며, 지금에 와서는 동서양 할 것 없이 견고한 장막에서 풀려나 마침내 정치적, 사회적, 민족적, 심리적 해방감을 누리면서 누구라도 원하기만 하면 마르크스 사상을 아무데서나 자유롭게 접할 수 있게 되었다.

우리는 이하에서 마르크스주의의 역사적 유물론을 다룰 것이다. 변증법적 유물론이 마르크스주의의 형이상학으로 기초적이며 일반적인 철학이론에 해당하는 것이라면, 역사적 유물론은 마르크스 사상에서 실천적인 가르침과 관련된 특수하고도 독창적인 부분에 해당한다. 사적 유물론은 변증법적 유물론의 원리들을 인간 역사에 적용하는 이론이다. 이 같은 역사적 유물론 내지 유물사관이 마르크스 철학의 전형적인 부분이라면, 변증법적 유물론은 엥겔스의 이론이 강한 편이라 할 수 있다.

이렇게 볼 때 마르크스주의자들은 자신들의 철학적 원리들을 순수 이론으로만 남겨놓지 않고 역사와 사회 그리고 정치와 같은 현실적 상황에 아주 구체적으로 적용하고자 함으로써 그 진가를 유감없이 발휘하려 했다.

제 1 장

사회계급과 마르크스주의적 프롤레타리아트

엥겔스는 1883년 『공산당 선언』에서 경제생산과 그로부터 필연적으로 제기되는 사회구조가 모든 역사 안에서 시대의 정치적, 지적 역사의 토대를 구축한다고 적고 있다. 다시 말해 모든 역사는 계급 간의 투쟁의 역사라는 것이며 지배계급과 피지배계급, 착취자와 피착취자 간의 역사라 규정한다.

지금에 와서 이 같은 투쟁은 압박받는 피지배계급이 자신을 이용하고 억누르는 계급(부르주아 계급)으로부터 더 이상 해방될 수 없다는 상태에까지 이르렀다. 그는 사회 전제를 착취와 압박으로부터 영원히 해방시키지 않고서는 압박받는 피지배계급이 자신을 이용하고 억누르는 계급의 손아귀에서 결코 해방될 수 없는 상태에 이르렀다고 진단한다. 실제로 이 같은 기본 이념은 특별히 마르크스에게 속해 있는 개념이다.

계급과 사회적 투쟁의 그림자조차 존재하지 않았던 원시 공동체가 사라지고 인간의 선사시대가 결말나고 영원히 모든 계급과 모든 투쟁의 이유들을 소멸시키는 결정적인 공산사회가 이루어질 때까지 시간의 연장 속에서 인류 역사는 줄기차게 서로 투쟁하고 파괴하는 계급 형성의 과정으로 얼룩져 있다.

오늘의 자본주의 사회는 부르주아지와 프롤레타리아트라는 두 개의 전형적이며 기본적인 계급으로 특징되고 구분된다. 이 같은 상이한 형태의 계급 구분은 과거에도 서로 다른 경제 사회적 구조 안에 그대로 형성되어 있었다. 이렇듯 계급은 항시 존재하며 그것은 개인 안에 차이 나는 생활수준을 결정지었다.

어느 한 계급에 속해 있다는 것은 삶의 구체적 조건에 있어서 뿐 아니라 일의 종류, 윤리적, 법적, 정치적 개혁 및 습관, 시민의 열망에 있어 많은 차이성을 유발한다. 오늘날 부유한 부르주아 계급은 프롤레타리아트와는 다른 생활수준에 있으며, 이것은 마치 중세에 농노를 생각해 주지도 않았던 영주와도 같고, 고대에 있어서 로마 귀족이 종에 대해 인간의 권리와 시민으로서의 권리를 인정해 주지 않았던 것과도 같다.

마르크스주의 창시자들은 이러한 거대한 사회현상들을 파악하고자 했으며, 계급이 형성되는 이유와 차이를 분석하는 가운데 그 기본적인 성격들을 구체화하고 내적, 동적, 본질적, 투쟁적 성격을 강조함으로써 과학적인 설명을 제시하기에 이르렀다고 확신했다.

1. 사회계급의 구성

레닌은 『국가와 혁명』에서 계급투쟁의 학설은 마르크스가 날조하거나 창조해 낸 것이 아니라 본래 마르크스 이전의 부르주아지에 의해 생겨난 것이라고 지적한다. 그리고 그것은 계속해서 부르주아지에 의해 받아들여지고 있다고 본다. 레닌은 계속해서 말하기를 계급투쟁을 인정하는 데 그치는 사람은 마르크스주의자가 아니며 이 투쟁을 프롤레타리아트의 독재로까지 끌고 가는 사람이야말로 바로 마르크스주의자라고 하였다.

1) 사회계급의 정의

계급 개념이 마르크스주의의 기본 개념이라 할지라도 이에 대한 해석은 그리 쉽지 않다. 실제로 마르크스는 사회계급에 대한 정확한 정의를 남겨놓지 않았다.

물론 그의 저술들 안에서는 사회계급이 무엇인지를 정의할 수 있는 다양한 요소들이 내포되어 있다. 그러나 그것들이 너무나 많고 복잡하여 일의적인 정의로 통일시키기에는 매우 힘든 실정이다.

사회계급의 분화의 기초가 되는 생산수단의 사적 재화만 생각하는 경우 사회 안에는 두 가지의 기본 계급이 존재한다는 것을 알게 된다. 즉 가진 자의 계급과 갖지 않은 자의 계급, 착취자와 피착취자 계급이 바로 그것이다.

우리는 여기서 먼저 사회계급이 아닌 것과 마르크스주의적 전망 안에서 사회계급인 것을 말하면서 이것들을 정의해 보도록 하겠다.

① 사회계급이 아닌 것

마르크스에 의하며 사회계급의 분화는 생물학적, 인종적 요인과는 무관하다. 자본가와 무산자가 근본적으로 상이한 계급에 속한다 할지라도 그들은 동일한 인종이나 혈통에 속할 수 있다. 따라서 계급의 구별은 물리적, 자연적, 생물학적 요인들에 의해서가 아닌 사회적 원인에 의한 것이다.

공장 주인과 노동자 간의 차이는 개인의 능력에서 기인하는 것이 아니라 그들의 사회적 지위에 달려 있다. 이 계급 혹은 저 계급에 속한다는 것은 개인의 능력의 발전에 달린 것이 아니라 오히려 이와는 정반대다. 다시 말해 개인의 능력의 발전은 이 계급 혹은 저 계급과 같은 어느 계급에 속하느냐에 달려 있다.

사회계급의 차이성은 또한 심리적 요인들이나 다른 계급에 속한다는 의식에 의한 것이 아니다. 계급의식은 자신들의 사회적 존재, 경제적 상황에 대한 하나의 반영에 불과할 따름이다. 계급 차이의 기초는 사람들이 고유한 사회적 존재에 대해 지니게 되는 의식이 아닌 물질적, 경제적 조건들이며 인간 삶의 조건들이다. "의식의 형식들이 인간 존재를 결정짓는 것이

아니라 존재방식이 바로 의식을 결정한다."(마르크스)

② 사회계급인 것

레닌에 의하면, 계급은 규정된 사회의 생산체제 안에서 차지하는 위치와 생산수단과의 관계, 노동의 사회조직 안에서 차지하는 역할에 따라 생겨나는 개인들의 집단이라고 보았다.

레닌의 정의는 복합적이다. 그의 말 속에는 다양한 요소들이 포함되어 있는데, 그중 어떤 것은 실제적으로 결정적이고 기본적이며, 어떤 요소는 본질적이며 또 어떤 것은 보충적이다. 여기서 이러저러한 요소들 중에 어떤 요소들을 강조하느냐에 따라 그 기준과 의미는 크게 달라질 수 있다. 아무튼 마르크스주의에 의하면 사회계급은 경제관계를 토대로 하여 구성된다는 것만은 확실하다.

2) 마르크스주의에 의한 계급의 본질적 요소

마르크스의 『자본론』에 의하면 현대세계의 세 가지 커다란 계급들은 자본주의 생산방식에 기초한 힘-노동, 자본, 토지의 소유주에 의해 나타난다.

이와 관련하여 우리는 사회의 경제관계에 있어서 사회계급의 구성을 결정짓는 본질적인 요소가 어떤 것이지를 더 분명히 명시해야 한다. 어떤 경제학자에 의하면 그 본질적인 요소는 수입의 원천에서 찾아볼 수 있다고 말하며, 또 어떤 이는 생산조직에서, 어떤 이는 — 마르크스의 입장 — 생산수단과의 관계에서 찾아볼 수 있다고 한다.

마르크스주의에 의하면 수입의 원천은 계급의 차이나 발생의 기초로 받아들일 만한 것이 못 된다.

우선 사회의 생산과정의 모든 신비들을 품고 있는 세 가지 양식들인 자본–이윤, 토지–수입 그리고 노동–급여는 성숙함에 이른 자본주의 사회에 있어 세 가지의 커다란 계급들을 구성하는 동기로 작용할 수 있다.

사실 이러한 비판 기준은 수입의 차이가 계급의 차이를 유발한다 할지라도 수입의 차이가 근본적으로 무슨 이유로 인해 존재하는 것인지에 대한 이유는 설명해 주지 못한다.

사회 안에서 계급의 구분은 생산분배에 의해서가 아니라 생산체제에 의해 결정된다. 개혁주의자들이 원하듯이 생산분배만을 기대하고 그것을 더 개선하기를 원하는 것만으로는 생산재화의 소유에 기초한 계급주의적 지배를 제거하는 데에는 이르지 못한다.

마르크스주의에 의하면 생산의 조직적 체계나 생산조직에 호소하면서 계급의 출현을 설명하는 개념 역시 받아들일 만한 것이 못 된다. 왜냐하면 그런 개념은 계급의 출현이나 분화에 대한 적합한 설명을 제공하는 데 한계가 있기 때문이다. 물론 사회노동의 조직 안에서 서로 다른 기능은 계급의 차이성을 유발하지만, 그 자체로 상이한 계급의 발생을 유발하는 것은 아니다.

마르크스주의에 의하면 사회계급이 어떻게 형성되는지를 탐구하는 비판 기준은 무엇보다도 생산수단과 더불어 인간관계에 초점을 맞추어야 한다. 계급사회 안에서 계급과 계급 간의 지배와 착취를 결정짓는 것은 생산관계다. 인간에 의한 인간의 착취와 계급에 의한 계급의 착취는 어떤 계급이 생산수단을 전적으로 소유할 때에만 가능하다.

생산분배와 조직과정은 계급의 차이성을 유발하는 데 일조하지만, 계급의 차이는 생산수단과의 다양한 관계에 의해 근본적으로 결정된다.

계급의 다른 모든 특성들(노동의 사회조직 안에서 상이한 역할과 서로 다른 수입의 원천들)은 서로 다른 생산관계 안에서 그 근원과 양식을 발견한다. 사회계급의 분화는 사회의 경제관계들과 사유재산에 그 기초를 둔다.

그런데 마르크스적 개념에서 계급 개념은 특별히 경제적 범주 안에서 끝나버린다고 생각해서는 안 된다. 그것은 더 광범위한 사회범주로 확산되며 정치에서 예술로, 윤리 개념에서 문화적 개념으로, 도덕적 원리에서 실천적 원리로와 같은 사회가 형성되는 전 영역으로 확산된다. 프롤레타리아트와 부르주아지의 반대되는 입장은 사회생활의 모든 영역을 감싸게 되는 것이다.

3) 노동, 사유재산, 계급주의

사유재산의 기원, 즉 착취의 기원에 폭력이 있었느냐는 물음에 마르크스주의가 주는 해답은 근본적으로 부정적이다. 선계급사회에서 계급사회로의 이행은 분명 폭력에 의한 것이 아니다. 그리고 전쟁, 정복, 강도질과 같은 행위로는 재산의 기원을 설명할 수 없다.

사유재산은 노동 즉 노동생산성의 증가에서 생겨난다. 처음에 노동은 마치 재산이 그러하였듯이 공동적이었다. 석기에서 철기로 나가듯 노동의 도구들이 더 완벽해지면서 노동생산성은 증가되었으며, 집단노동의 필요성이 사라지면서 거기에는 노동의 분업이 끼어들게 되었다. 그러면서 여러 부족들에게 있어서는 다른 부족에 대해 경제적인 이익을 추구하고자 하는 태도가 발생하게 되었다.

생산의 초과는 더 적합한 도구들을 소유하고 있던 자들에게 물물교환과 부의 가능성을 가져다주었다. 노동의 분리와 도구들의 완전함은 결과적으로 공동재산의 분리를 가져왔다.

차츰 가부장제도의 가정과 그 후예들 사이에는 경제적인 균등성이 깨지게 되었다. 그러면서 동시에 공동체의 품 안에, 경쟁적인 공동체 사이에 일단의 상류계급이 생겨나기 시작하였다. 공동체 안에서 사회기능들을 담당하고 성취하는 족장들, 전사들, 사제계급은 다른 구성원들을 착취하여 부유한 삶을 누리게 되었고 점차적으로 그들은 공동재산을 사유화하였다.

노동의 분화와 생산 초과 그리고 공동재산의 분할에서 생겨난 경제의 불균등은 사회계급의 차이를 유발하게 하였다. 공동체 내부에는 다수의 가난한 자를 이용하는 소수의 착취자들이 생겨났다. 전쟁은 포로를 노예로 삼는 산업이 되었으며, 이렇게 해서 사회계급의 역사는 시작되었다.

2. 비기본계급과 기본계급

생산체제와 서로 다른 사람들로 구성된 집단과의 관계는 사회계급의 분화를 유발하는 원천으로 작용한다. 이러한 관계가 양적 및 질적으로 변화함에 따라 계급의 유형도 달라진다. 인간 역사는 인간에 의한 인간의 상이한 착취의 유형으로 장식되었다. 그 밑바탕에는 언제나 경제력이 자리하고 있는데, 이 경제력은 사유재산에 기반을 둔 것이다.

1) 역사과정에 있어서의 계급주의

마르크스주의에 의하면 역사의 흐름 안에서 번갈아 발생한 계급주의의 배경으로의 경제 사회적 형태는 노예제도, 봉건제도, 자본주의로 나타난다. 이러한 제도들은 시대 안에서 연이어졌고 그들의 상호 교체는 언제나 경제력의 발전에 좌우되었다. 상이한 각각의 경제 사회적 구조에는 언제나 인간에 의한 갖가지 형태의 인간 착취가 자행되었다.

이것에서 저것으로의 체제의 이행은, 자본주의 체제 안에서는 순전히 경제적인 독립성을 쟁취할 때까지 착취자에 의한 피착취자들의 인간적 종속성의 발전적 해방을 묘사하는 것이었다.

제일차적 착취체제는 노예제도인데, 이것은 착취 중에서 가장 야비하고 난폭한 형태를 띠고 있었다. 이 제도 안에서 주인은 생산수단의 소유주일 뿐만 아니라 노동자의 인격까지도 손에 쥔 소유자였다. 노동자는 그저 단순한 노동의 도구로 여겨졌을 따름이다. 그리고 인간적 권리나 품위라고는 전혀 찾아볼 수 없는 물건처럼 여겨졌다.

시간이 흐르면서 노예제에서 봉건제로 바뀌게 되는데, 그때에 노예는 농노(토지와 함께 매매된 봉건시대의 최하위계급의 농민)가 된다. 농노는 적어도 법에 의해 주인이 그의 생명을 좌지우지할 수는 없었지만 팔고 살 수 있는 권한은 주인에게 있었다. 한마디로 영주는 토지와 농노와 노동의 소유주였다. 또한 봉건제도에서 영주는 농민에게 부과된 노동을 전적으로 자기 것으로 할 수 있었고, 농민은 단지 살아가는 데 필요한 작은 경작지만을 소유할 수 있었다.

자본주의 안에서 착취의 형태는 변한다. 여기서 말하는 착취란 경제적 착취다.

노동자는 시민권과 인간의 권리를 갖는다. 그러나 노동자는 생산수단을 소유할 수는 없다. 이는 곧 노예상태에 머무는 이유가 된다. 생산은 생산수단의 소유와 전적으로 관련을 맺고 있다. 생산수단 없이는 노동생산성이 있을 수 없다. 노동자는 자신의 노동을 팔도록 강요당한다. 그리하여 인간 노동은 시장에 내맡겨지게 된다.

노예제와 봉건제 안에서 사회의 극단적인 계급 간에, 다시 말해 주인과 영주, 다른 한편으로는 노예와 농노들은 이른바 계급을 형성하는 시민들이었다. 주인과 영주는 여러 가지 권한을 누리는 특권 시민들의 집단을 대표한다. 그 대신 노예와 농노는 시민적, 법적 권리를 충분히 누리지 못하며 생산수단의 소유자인 주인들에게 개인적으로 종속되어 있다.

그런데 자본주의에서 이러한 계급의 특권들은 제거되었고 사회계급의 분화는 훨씬 더 단순화되었다. 노동자들은 법적으로 자유를 누리게 되었지만, 생산수단을 소유하지 못하는 까닭에 자본주의에 직면해서도 경제적인 종속성이라는 조건하에 놓여 있다. 이러한 착취의 자본주의적 형태를 두고 마르크스와 엥겔스는 '급여 노예제'라고 칭하였다.

2) 비기본계급과 이행

순수 상태로 이해되는 모든 생산체제는 두 개의 계급을 유발하는 것이 아니라 두 줄기로 사회의 분할을 가져온다. 그것은 곧 착취자와 비착취자, 생산수단의 소유주와 비소유주다. 예를 들어 노예제도에는 주인과 노예가 있으면, 봉건제 안에는 영주와 농노가 있고 자본주의 안에는 부유한 부르주아지와 프롤레타리아트가 있다.

이 두 계급은 기본적인 것이며 어떤 적대주의적인 생산체제 안에서 결핍되는 일이 없다. 이들의 존재는 정확히 생산체제에서 유래하며, 이른바 체제와 그 체제에 깊이 뿌리 박고 있는 사회의 모든 기본적인 모순을 표출한다. 그렇지만 여하한 경제 사회적인 제도에 있어서 지배적인 생산체제 주변에는 이전 생산체제의 잔재들이 항존할 수 있으며 특별한 경제구조의 형식을 빌려 새로운 생산체제의 싹들이 선언될 수 있다. 그때에 기본계급 주변에는 비기본계급들과 그 이행이 발생한다.

예컨대 노예제도가 실시되고 있는 사회 안에서 주인과 노예들 주변에는 자유를 누리는 농민들과 장인들이 있었다. 봉건사회 안에서 농노와 영주 주변에는 장인들과 상인들, 숙련가들이 있었다.

자본주의 사회에도 자본가와 노동자들 외에 사회 안에서 특별한 중요성을 띠고 있는 다른 비기본계급들이 있는데, 그러한 계급의 존재는 봉건제도의 희생에 의한 것이거나 아니면 새로운 생산체제나 새로운 사회구조의 형식이 발생하였기 때문이다.

앞에서 언급하였듯이, 자본주의 안에서 기본계급 주변에는 비기본계급뿐만 아니라 완전히 지배적이지도 않고 지배되지도 않는 계급인 중간계급들이 존재한다. 이 계급들은 과거의 생산체제의 희생물 내지는 새로운 생산체제의 형성으로 말미암아 생겨난다.

① 프티 부르주아지

가장 중요한 비기본계급이며 지배적이지 못한 계급들 중에는 장인들, 소상인들, 작은 토지의 소유자들, 농부들과 같은 프티 부르주아지들이 있다. 프티 부르주아지는 진짜 부르주아지와 프롤레타리아트 간의 중간 위치를 차지하며 양자의 특성에 참여한다. 그들 존재의 경제적 기반은 진정한 자본주의적 이윤을 추구하지 못하고 '단순히' 상품들을 생산한다는 사실에 있다.

프티 부르주아지는 거대한 부르주아지와 관련을 맺고 있는데, 이유는 그것이 거대한 부르주아지처럼 재화를 사적으로 생산하기 때문이다. 그리고 프티 부르주아지는 프롤레타리아트와도 관련을 맺고 있는데, 왜냐하면 작은 노동이면서 자본주의의 착취 하에 놓여 있기 때문이다.

마르크스에 의하면 이러한 계급의 출구는 다음과 같이 표기될 수 있다. 즉 이 계급은 무엇보다도 사라질 운명에 처해 있다는 것이다. 자본주의에 연루되면서 '약삭빠른' 프티 부르주아지는 자본주의 노선을 살찌우게 될 것이다. 한편 양적으로 가장 현저한 것으로 두각을 드러내는 프티 부르주아지는 필히 전복될 수밖에 없는 운명에 처해 있으니, 그것은 프롤레타리아트의 노선도 살찌우게 될 것이기 때문이다.

사실 마르크스는 자본의 집중에 관한 법칙을 발견하였다.

물론 이 법칙은 절대적인 가치를 지니고 있지는 않다.

마르크스는 이에 대해 다음과 같이 경고한다. 즉 실제로 자본주의 국가에서는 지금으로서는 충분한 숫자의 프티 생산자들의 층이 존재하지만, 자본주의적으로 덜 발전된 나라에서는 그 수가 실제 인구의 60-70퍼센트에 이른다. 그러나 거대한 생산은 결정적으로 적은 생산을 흡수하고 소멸하기까지 그것보다 언제나 더 유리한 고지를 점하게 될 것이다.

② 새로운 중간계급: 사무원, 기술자, 봉급생활자와 같은 노동자들

마르크스주의에 의하면 자본주의 국가에서 사회의 또 다른 중요한 부분은 기술자, 사무원, 봉급생활자와 같은 노동자들로 채워진다. 이들은 새로운 중간계급을 형성한다. (여기서 '새로운'이란 말은 이전의 낡은 중간계급과 대칭적으로 사용되는 용어다.)

프티 부르주아지처럼 이러한 새로운 중간계급들에 있어서도 그들의 진보적인 소멸 현상이 생겨나게 될 것이다. 이는 많은 비생산적인 사무원들이 자신들의 사업적인 이익들을 챙기면서 가면 갈수록 거대한 부르주아지에 더 가깝게 접근한다는 의미에서 그러하다. 그 대신 다른 사람들, 봉급생활자와 같은 노동자들은 사무원의 자격을 상실하면서 프롤레타리아트로 가까워진다.

마르크스주의자들에 의하면 자본주의의 부패는 이러한 비

생산계급들이 증가된다는 사실에서 비롯된다고 본다.

③ 지식인 계급, 정신노동자들

마르크스주의에 따르면 모종의 특별한 관심이 지식인들의 계급에 주어져야 하는데, 거기에는 정신노동자, 개인병원의 의사, 변호사, 예술가, 문학가, 철학자와 같은 소위 자유직업을 가진 대표자들이 속한다.

실제로 이들은 고유한 의미로 하나의 계급을 구성하지는 못한다. 그들이 참된 계급을 형성하지 못하는 이유는 재화 생산에 있어서 자율적인 위치를 점하지 못하기 때문이며, 계급주의적인 과정에 접근하거나 일치하지 못하기 때문이다.

이들은 현대사회에서 근본적인 중요성을 지니면서 사회의 다양한 분야에 속해 있다. 이러한 지식층의 영향력을 강화하기 위해서는 본질적으로 투쟁해야 한다. 지배계급은 지식인을 이용하여 착취 체계를 강화할 것이기 때문이다.

또한 프롤레타리아트는 고유한 지성을 창조해야 하는데, 그렇게 하는 경우에만 자본주의의 주지주의적 침입에 대적할 수 있게 된다.

④ 극빈층

마르크스는 '극빈층(Lumpenoroletariat)'이라는 비속어를 만들어냈는데, 이 말로써 그는 경제적, 사회적으로 든든하고도 거대한 도시에서 밀려나 살면서 계급에 대한 아무런 의식도 지니지 못한 가장 천박한 대중들을 지칭하고자 했다. 계급과는 관련이 없는 이러한 부류에는 집단과의 접촉을 상실하고 결정적인 직업도 갖고 있지 못하며 시민사회에서 내쳐져 살아가는 사회의 인자들인 거지, 창녀, 강도, 마약 중독자들이 속한다.

마르크스주의에 의하면 이러한 극빈층은 자본주의 체제의 구조 자체로 말미암아 자본주의 사회에서만 발생할 것이다. 이러한 하층계급은 사회주의적 공산주의 체제 안에서는 사라지게 될 것이다.

3) 부르주아 사회 안에서 계급의 양극성

피상적으로 바라볼 때 오늘의 사회가 문화, 직업, 이윤 등과 같은 갖가지 요소들에 의해 결정된 다수의 사회집단들 안에서 갈라져 있다는 인상을 줄지라도 자본주의 사회는 다음과 같은 두 가지 큰 줄기로 구분된다. 하나는 압박받는 자와 다른 하나는 압박하는 자, 즉 프롤레타리아트와 부르주아지가 그것이다.

마르크스주의에 의하면 자본주의 이론가들이 그렇게 되기를 원하듯이 사회가 두 개의 적대적 기본계급이 아닌 다양한 사회계층으로 구분되는 것은 사회 실재에 대한 환상적이고 거짓된 해석으로 말미암은 것이다.

물론 각 사람은 샘 속에 두레박이 왔다 갔다 하게 할 수 있듯이 자신의 사회적 상황을 변화시킬 수 있다는 것이 사실이다. 그렇지만 대부분의 노동자들은 별 수 없이 무산자로 남아 있을 수밖에 없고, 결국은 소수의 자본가들만이 전체 사회를 실질적으로 움직이고 지배하게 된다.

근본적으로 눈여겨볼 때 계급과 관련하여 사회는 압박자와 피압박자, 착취자와 피착취자로 구성된다. 중간계급들은 사회의 역사 발전에 있어 아무런 역할도 담당하지 못한다. 그러한 계급은 사라질 운명에 처해 있다. 왜냐하면 그것은 자본주의에 흡수되거나 아니면 프롤레타리아트의 무장을 강화시켜 주는 것으로 끝나버릴 것이기 때문이다.

사무원들과 상인들 역시 비생산적이다. 이들은 거대한 산업이 생겨나게 되면 결정적으로 역사의 뒤안길로 사라지게 될 것이다. 이들은 프롤레타리아트 혁명을 강화시켜 줄 것인데, 이유는 사회의 적대계급 간에 모순을 심화시켜 계급주의가 결정적으로 사라지도록 투쟁하는 데에 기여하게 될 것이기 때문이다.

제 2 장

계급투쟁

『공산당 선언』은 모든 사회 역사가 이미 원시 공동체에서 계급투쟁의 표징이 있었던 이후 계속적인 투쟁의 역사라고 주장한다. 그뿐만 아니라 자본주의 안에서 이러한 투쟁은 궁극적으로 첨예화되었고, 이는 사회를 부르주아 계급과 프롤레타리아 계급으로 분리시키는 결과를 가져왔다.

마르크스와 엥겔스는 『공산당 선언』에서 자본주의가 발생하기까지 투쟁의 기본 단계들을 지적하였고 부르주아 계급이 노동자 계급을 무력화시킬 때까지 필연적으로 그러한 투쟁이 계속될 것이라고 내다보았다. 그렇게 함으로써 프롤레타리아트 독재는 부르주아지를 대체하게 될 것이다.

우리는 여기서 마르크스주의의 계급투쟁은 역사적으로 회피할 수 없는 것이며 더구나 생산수단의 개인 소유가 근본적으로 소멸할 때까지 투쟁은 계속해서 날카로워진다는 주장이

어디에 그 근거를 두고 있는지 살펴보고자 한다.

1. 계급투쟁의 원인들

마르크스주의자들에 의하면 부르주아 이론가들은 계급투쟁이 지도층의 어리석은 정치와 투쟁 중에 있는 계급에 대한 불이해, 비사회적인 요소들의 관심사가 되는 선동에 대한 몰이해에서 기인한다고 보았다. 따라서 부르주아 이론가들에 의하면 계급투쟁을 승리로 이끌기 위한 처방책은 상호 불이해와 몰이해를 극복하여 경제적으로 타당한 정치를 재건하고 도덕적 가치를 숭상하며 새로운 이상들을 발견하는 가운데 협력체계를 구축하는 데에 있다.

그러나 마르크스주의자들의 대답은 전혀 다르다. 즉 그들에 의하면 계급투쟁은 경제적 상황의 모순에서 발생했다고 본다. 따라서 계급투쟁은 자본주의 이론가들이 주장하듯이, 고상한 도덕적 가치나 고착된 사고로는 제거할 수 없고 경제상황의 변화, 물질적 모순을 극복함으로써 가능하다고 믿는다.

이 같은 주장은 마르크스주의자들에게 있어 매우 중요한 이론으로 취급되고 있을 뿐만 아니라 궁극적으로 연구되고 전개되었다고 그들 스스로 확신하고 있다. 그들에 의하면 자본주의가 지닌 사고의 선한 의지는 인정된다. 그렇지만 부르주아지는 결코 문제를 해결하지는 못할 것이다. 부르주아지는 그것을 사악하게 계획하려 할 뿐이다. 그들은 문제를 현실성

없이 그저 관념론적으로만 해결하려 든다. 그러므로 문제의 근본에 도달하지 못하고 피상적인 면에 그칠 따름이다. 그리고 결과를 성취했을지라도 그것은 오래가지 못한다. 왜냐하면 해결책은 악의 근원을 터치하지 못하기 때문이다.

마르크스주의자들에 의하면 가치 있는 것은 경제적 기반인 물질이다. 그리고 도덕과 법은 물질의 반영에 불과할 따름이다.

한마디로 이들에 의하면 계급투쟁은 객관적 상황, 즉 경제와 물질의 모순에서 발생한다.

마르크스주의에 의하면 계급투쟁은 경제적 모순과 물질적 관심사들에 대한 모순에서 주어진 객관적 상황에서 싹이 튼다. 이 두 가지 모순은 계급투쟁을 유발하며, 노동자 계급이 이 모순에 대해 가질 수 있는 의식과는 크게 구별된다.

제한적으로 노동자 계급은 물질적 관심사들과 계급의 관심사들에 대한 객관적 모순들에 대해 무지할 수 있다. 그렇지만 그러한 모순들은 여전히 객관적으로 존재한다. 그래서 때가 되면 폭발할 수밖에 없다. 다시 말해 결정적인 순간에 노동자 계급은 이러저러한 이익들에 대해 알게 되고(예를 들어 급여 인상이나 노동시간 단축 등) 그러한 특수한 관심사들 때문에 투쟁에 임할 것이다. 이는 급여 인상이나 노동일수가 단축되는 것에 그치는 것이 아니라 모든 객관적인 경제상황을 감안하여 자본주의 체제의 위장술을 파괴하고 모든 형태의 경제적 착취를 더 이상 용납하지 않기 위한 조처인 것이다.

객관적인 입장에서 생산체제 안에서 차지하는 프롤레타리아트는 구조적으로 자본주의를 제거하는 데 관심을 둔다. 이는 마치 부르주아지가 자본주의 체제를 영속화하는 데 있어서 구조적인 관심사를 두고 있는 것과도 같다.

상반되고 부조화적인 관심사들은 프롤레타리아트와 부르주아지의 토대에 자리하고 있으며, 이것들은 대표적인 계급들로 나타난다. 이러한 상황에서 계급투쟁은 역사적으로 피할 수 없는 것이다. 이 두 가지 계급은 현존하는 체제, 생산체제를 보존하고 또 다른 하나를 제거하기 위한 투쟁인 것이다.

2. 계급들 간의 투쟁

자본주의 체제 내부에서 부르주아지와 프롤레타리아트는 서로 간에 근본적으로 투쟁하게 되어 있다. 이와 같이 서로 반대되는 계급들 간의 투쟁은 근본적인 것이 아니라 일시적인 것에 그칠 수도 있다. 이러한 투쟁의 근저에는 언제나 경제적 관심사가 자리하고 있다.

이와 같이 봉건주의적 경제 형태에서 자본주의적 경제체제로의 이행과정에 있어서 새롭게 출현하는 부르주아지의 관심사들과 봉건 영주들의 관심사들 간에는 어떤 갈등이 생겨났다. 즉 부르주아지의 착취체제는 봉건 영주들의 착취체제와 전에 없는 새로운 갈등 사태에 직면할 수밖에 없었다. 그렇지만 그들 간의 투쟁은 목숨까지도 내어놓는 처절한 투쟁이 아니라 오히려 궁극적으로 착취의 대상이 되는 그들 공동의 적인 프롤레타리아트를 마주해서는 서로 화해하곤 하는 갈등 국면에 멈춰 섰다.

투쟁의 원천인 이윤은 흔히 계급들을 일치시키는 행위의 원천이었다. 예를 들어 자본주의 체제에서 프롤레타리아트, 농부, 장인, 부르주아지들은 독점적인 자본주의에 맞서 투쟁하기 위해 서로 일치하였다.

분명히 사회 안에는 언제나 물질적인 관심사로 인해 규정되는 다양한 형태의 투쟁이 있다. 이러한 다양한 형식의 투쟁들은 마르크스와 엥겔스가 『공산당 선언』에서 이미 주장한 바 있듯이 여러 형태로 진화된다. 그렇지만 사회는 점차 그룹화되면서 모든 계급들은 프롤레타리아 계급과 자본가 계급으로 나누어진다.

결국 마르크스주의자들의 주장에 의하면 다양한 계급들 내부에서의 모순이나 반대는 일시적이지만, 적대계급들, 프롤레타리아트와 부르주아지 간의 투쟁은 본성상 근본적이고 치유 불가능한 것이다.

3. 계급투쟁의 냉혹함

부르주아지의 관심사들과 근본적으로 반대되는 프롤레타리아트의 관심사들은 이 두 가지 적대계급 간의 필연적이고 중단 없는 투쟁에 자양분을 공급한다. 이 두 계급은 기초가 되는 생산체제와 현존하는 질서의 제거 내지 보존을 위해 투쟁한다. 사회의 진보적 운동과 사회 형식을 다른 것으로 대체하는 행위는 계급투쟁을 통해 이룩할 수 있는 근본 목표다.

부르주아적 사회주의자들에 의하면 사회의 진보와 발전은 계급들이 서로 협력함으로써 가능하며 경제체제의 불완전성을 인정하고 그것을 더 완전하게 하는 데 있다고 주장한다. 그리고 정치적, 사회적인 모든 힘을 서로 합쳐 나가는 것이 매우 중요하다. 따라서 계급들의 충돌은 유익하지 못할 뿐 아니라 사회발전에 저해되는 것이다.

마르크스주의 이론가들의 주장은 이와는 전적으로 반대된다. 즉 계급투쟁은 사회발전의 동인(動因)이다. 계급투쟁으로 말미암아 낡은 형식은 청산되고 발전의 새로운 형식이 창조될 수 있다. 이는 마르크스적 변증법으로서 발전의 원천이다. 이러한 계급투쟁은 경제 분야뿐 아니라 사회생활의 제반 분야인 정치적, 정신적, 종교적, 윤리적 차원에서 서로 관련을 맺는다. 이 모든 것은 경제변화의 결과인 것이다.

이와 같이 서로 모순되는 힘들 간의 투쟁은 모든 발전의 원천이라는 것이 마르크스적 변증법에 있어 기본이 되는 규범이다. 그래서 마르크스와 엥겔스는 "실제로 정치, 종교, 철학 혹은 그 밖의 이념적 분야에서의 모든 역사적 투쟁은 어떤 면에서 계급투쟁에 대한 뚜렷한 표현일 따름이며, 이와는 달리 이러한 계급들의 존재와 계급들의 상호간의 충돌은 경제발전과 생산 및 교환체제의 특성과 체제의 정도에 좌우된다"고 말하고 있다.

계급투쟁과 사회발전 간의 상호 종속성은 마르크스가 발견해 낸 커다란 법칙 중의 하나다. 엥겔스에 의하면 계급투쟁의 중요성은 사회발전을 위해 물리학에서 에너지 변화의 법칙이 갖는 그것과 동일하다.

경제 분야에 기초한 계급투쟁은 경제 분야에서 모두 소진되는 것이 아니라 정치 분야와 사회생활의 다른 영역으로까지 확산된다. 정치적 변화들은 정신적, 종교적, 윤리적 삶의 변화처럼 언제나 경제적 변화들에서 기인한 결과다.

4. 계급투쟁과 정당들

정당들은 계급이 가장 활성화된 부분이며 이익을 대변하고 계급을 투쟁으로 인도한다. 정당들의 투쟁은 계급투쟁이 가장 완전하게 표현된 양식이다.

마르크스주의자들에 의하면 정당은 동일한 정치 개념을 지닌 개인들의 이상적인 일치가 아니라 어떤 계급과의 실질적인 고리나 장치가 없는 그런 것이다.

개인들이 지니고 있는 순수 이상들의 일치는 계급과는 관련이 없는 가정적, 사회적, 종교적, 전통적 일치와 밀접한 부르주아적 개념이다. 이러한 개념은 마르크스주의자들에 의해 전적으로 배제된다. 마르크스주의에 의하면 미국에서 공화당이나 민주당이 그러하듯, 계급의 지배에 이바지하지 못하는 그러한 정당 개념은 하나의 술수나 기만에 불과하다.

마르크스주의에 따르면 공화국의 정당들, 민주국가의 정당들처럼 계급을 지배하는 데 쓰이지 못하는 당 개념은 하나의 술책에 불과하다. 공화국, 민주국가의 정당들은 자본주의의 본질적인 이윤들을 추구하기 위해 존재하며 노동자들을 계급투쟁에서 몰아내기 위해 힘쓴다. 예를 들어 미국의 공화당과 민주당 양당은 계급과 정당 간의 종속성을 확고히 하는 가운데 자본주의 계급에 봉사하는 데 기여한다.

마르크스적 개념에서 당은 계급에 대한 의식이다. 그렇지만 그것은 계급과 동일시되지는 않는다.

정당은 가장 활동적이고 동적인 부분이며 가장 근원적인 이익을 대변한다. 그것은 계급 다음에 오는 것이지만 계급을 인도하며 구체화한다. 마르크스적 당은 본질적으로 계급주의적이지만 공공연하게 계급주의적이라 표명하지는 않으며 노동의 불이익을 방어한다고 말한다.

마르크스주의의 이론가들에 의하면 이른바 '민주적' 정당들 역시 계급주의적이다. 그렇지만 위장하는 것을 좋아하기에 계급주의적이라는 것을 공공연하게 밝히지 않는다. 그뿐만 아니라 노동자들을 두둔하는 데 관심이 없다고 말하지도 않는다. 마르크스적 사상에 의하면 이러한 것들은 한마디로 말해 거짓이다. 이러한 것들은 자본가에 팔린 외국인 용병들과도 같으며 착취자들에 봉사하는 짓으로 참으로 반동적인 정당들인 것이다. 그러니 민주적 정당들은 양의 탈을 쓴 늑대에 불과하다는 것이 마르크스주의 이론가들의 주장이다.

5. 계급투쟁의 형식들

프롤레타리아트가 자본주의를 거슬러 인도하는 계급투쟁은 다음과 같은 세 가지 형식으로 전개된다. 이 세 가지 형식들은 서로 다른 기능들을 수행하고 있을지라도 모두가 근본적인 것들이다.

1) 경제적 투쟁

시간적으로 볼 때 제일차적 투쟁 형식은 경제적 형식이다. 프롤레타리아트는 무엇보다도 그들의 경제적인 필요성에 당면하여 자신들의 경제적 이익을 추구하고 옹호해야 한다. 이러한 점을 잘 수행하기 위해서 그들은 계급투쟁을 위한 학교이며 프롤레타리아트의 기구인 노동조합을 조직한다.

경제적 투쟁의 즉각적인 임무는 노동자의 일상생활의 이익을 옹호하는 데 있다. 즉, 임금 인상, 노동시간 단축, 노동조건의 향상 등이 여기에 해당한다.

경제적 투쟁의 가장 주요한 수단은 부분 파업 내지 전체 파업, 공장 점거 등이 있는데 그렇게 함으로써 노동자는 생산을 중단하고 직장을 폐쇄하고자 하는 기업가에 맞서 공장을 유용할 수 있다.

그런데 노동자는 경제적 투쟁에도 불구하고 착취나 불안전성에서 해방될 수가 없다. 실상 자본주의에 대항하여 계급투쟁을 한다 해도 그 의미는 계속적으로 상실된다. 왜냐하면 노동자에 대한 착취는 가중되기 때문이다. 결국 계속되는 착취를 근본적으로 제거할 수는 없는 일이다.

최근에 와서 몇몇 부르주아 나라에서 사회법을 개정함으로써 노동자의 조건을 크게 향상시키기에 이르렀지만, 이는 자본주의자들의 선의에 의한 것이 아니라 자본주의적 착취에 반대하여 거칠게 투쟁함으로써 얻어낸 결과다(마르크스주의자들의 주장).

2) 정치적 투쟁

① 정치적 투쟁의 긴요성

경제적 투쟁에서 정치적 투쟁으로의 이행은 간단하다.

마르크스주의자들에 의하면 이러한 이행 단계는 필히 이루어져야만 한다. 이제 노동자의 단순한 경제적 이익의 옹호(최소한의 임금 보장, 노동시간 단축 등)는 정치적 문제 해결에 달려 있다.

무기도 없는 파업은 자본주의의 착취를 제거하는 데 충분한 것이 되지 못한다. 엄밀히 말해서 경제적인 면에서만 국한된 프롤레타리아트의 투쟁은 그것이 지속적이라 할지라도 결국은 무효화될 것이다.

마르크스 이론가들에 의하면 영국과 러시아에서 있었던 프롤레타리아트의 투쟁들은 이를 잘 반증해 주고 있다. 예를 들어 영국에서 프롤레타리아트는 한 세기 이상 경제적 향상을 누리기 위해 계속적인 투쟁에 임했는데, 그때 그들은 임금 인상과 노동조건의 향상 같은 긍정적인 결과들을 누리게 된 반면, 다른 한편으로는 자본주의의 착취로부터 아무런 해방감도 누리지 못하였다. 이와는 반대로 러시아에서는 공산당이 주도한 위대한 정치투쟁에 의해 부르주아지를 전복시킴으로써 그러한 착취는 완전히 제거되었으며 노동자들은 해방감을 만끽하게 되었다.

② 경제적 투쟁에 대한 정치적 투쟁의 우월성

시간상으로는 경제적 투쟁이 정치적 투쟁보다 앞선다. 역사적으로도 그것은 정치적 투쟁보다 앞서 발전한다. 그러나 효과적인 면에서는 정치적 투쟁이 경제적 투쟁보다 앞선다.

이러한 두 가지 형식의 투쟁에 있어서 서로 다른 중요성의 근거는 다음과 같은 사실에서 밝혀질 수 있다.

경제적 투쟁이 경제 분야와 관련된 주장을 펴는 네 있어서 노동계급의 개별적인 영역에 의해 인도될 수 있는 것이라면, 정치적 투쟁은 프롤레타리아트에 의한 것으로서 자본주의에 대해 더 효과적으로 대처한다.

『공산당 선언』에서 "모든 계급투쟁은 정치투쟁이다"라고 주장하는 것은 바로 이러한 점과 연관되어 있다. 개별적이며 전체적인 모든 경제 분야와 관련된 주장들은 정치적인 색채를 띠지는 않지만, 모든 노동자 계급이 투쟁에 임하는 개별적이고 전체적인 모든 주장들은 정치적 성격을 지닌다.

한편 정치적 투쟁이 경제적 투쟁보다 우월하다는 또 다른 점은 정치적 투쟁에는 모든 노동자들이 참여하지만, 경제적 투쟁에는 노동자들의 일부만이 참여할 수 있기 때문이다. 그리고 무엇보다도 정치적 투쟁에서는 모든 계급의 관심사를 직시하지만, 경제적 투쟁에서는 즉각적이며 특수하고 일시적인 경제적 관심사들만을 추구하기 때문이다.

마르크스주의에 의하면 노동자 단체들의 관심을 끄는 것보다 더 나은 것은 있을 수 없다고 본다. 따라서 프롤레타리아 계급의 투쟁은 경제적 투쟁으로만 축소되어서는 안 된다.

마르크스주의에 의하면 경제적 실재는 모든 사회 건설의 기초에 자리하고 있으며, 특히 경제적 관심사는 역사 안에서 결정적인 역할을 담당한다. 그렇다고 해서 정치적 투쟁보다 앞서는 경제적 투쟁의 탁월성이 존재한다고 말해서는 곤란하다. 왜냐하면 노동계급의 결정적인 관심사들은 단순한 경제적 투쟁을 통해 성취된 것이 아니라 정치적 투쟁과 프롤레타리아트 독재에 의해 성취된 것이기 때문이다.

마르크스적 개념에 있어서 계급투쟁은 경제적 주장들이나 통상적인 정치적 주장들 안에서 끝나지 않고 계급투쟁의 본질적 목표인 정권을 장악하는 데로 나아가야 한다.

프롤레타리아트의 독재는 계급투쟁에 관한 마르크스적 개

념과 여타의 모든 개념들 간의 분기점이다. 프롤레타리아트 독재에 도달하지 못하고 순수 경제적 투쟁이나 정치적 투쟁 개념에 정지하고자 하는 것은 마르크스주의를 배신하는 것이며, 무엇보다도 근본적인 계급주의적 관심사들을 성취하고 프롤레타리아트의 역사적 사명을 완수하며 공산주의적 혁명을 이룩하고자 하는 프롤레타리아트의 실질적인 계급의식을 저버리는 것이다.

경제적 투쟁에 대한 정치적 투쟁의 우월성을 주장할 수 있는 또 다른 이유는 경제적 투쟁에 있어서는 노동조합을 조직하지만, 정치적 투쟁에 있어서는 당을 창당하여 투쟁을 인도하고 계속적으로 투쟁을 자극할 수 있기 때문이다. 마르크스적 정당은 프롤레타리아트가 실현하도록 요청받은 가장 뛰어난 계급조직이다.

자본주의 산업의 계속적인 발전은 마르크스적 규범에 의하면 필연적으로 노동자 계급의 집중화와 조직을 유발한다. 그렇지만 이것으로 모든 것이 충분한 것은 아니다. 자본주의를 전복할 수 있기 위해서는 객관적 일치를 성취하는 일 외에도 프롤레타리아트가 유일하고 강력한 성당 주위에 조직되이 통일된 주체의식을 지녀야만 하는 것이다.

③ 이데올로기 투쟁

경제와 정치적 투쟁 다음에는 이데올로기 투쟁이 생겨난다. 물론 이 투쟁만으로는 보잘것없는 결과만을 가져올 것이다.

그렇지만 이 투쟁이야말로 세계 안에서 사회주의 체제의 확장과 실천을 위한 괄목할 만한 중요성을 지닌다.

세계 안에 자본주의의 위기는 같은 세계 내 사회주의의 확산에 좌우된다. 그리고 그때 계급투쟁은 가면 갈수록 더욱 날카로워진다. 마르크스주의-레닌주의의 이념들은 군중을 동원하여 계급투쟁에서 수확을 얻어내는 데에 결정적인 기능을 담당한다.

혁명운동을 양육하는 것은 혁명적인 이론이다. 자발적인 노동운동에 자신을 내맡긴 프롤레타리아트 집단은 의식적인 투쟁으로 변모되어야 한다. 그렇게 함으로써 투쟁의 최고 목표에 도달할 수 있게끔 보장받게 되며, 그때에 새로운 사회를 창조하는 것이 가능하다고 본다.

마르크스주의에 의하면 이론과 실천, 혁명적 이념과 노동운동이라는 두 가지 요소가 제대로 통합될 때에만 거기에 확실한 승리가 있을 수 있다고 확신한다. 이론 없는 노동자는 장님이고 노동자 없는 이론은 유명무실하다. 이 두 가지 안에서만 과학적 사회주의와 계급투쟁은 부르주아 사회를 폭발시키는 힘이 된다.

> 철학이 프롤레타리아트 안에서 자신의 물질적 무기를 발견하는 것처럼 프롤레타리아트는 철학 안에서 자신의 정신적 무기를 발견한다(마르크스).

이러한 통합을 표현하고 구체화하는 것은 바로 공산당이다. 공산당은 과학적 사회주의의 빛 안에서 프롤레타리아트 집단을 조명하고 프롤레타리아트의 조직된 힘으로 마르크스적 이데올로기의 목표를 성취하고 실현한다.

제 3 장

혁명-프롤레타리아트 독재-당-공산주의 사회의 여명

마르크스에 의하면 혁명은 역사의 다리이며 압박받는 자들과 피착취자들의 축제다. 그때 인민대중은 새로운 정권의 능동적 창시자로 행동할 수 있으며 기적을 일으킬 수 있다.

1. 사회주의 혁명의 본질적 요소와 객관적, 주체적 조건들

혁명은 계급투쟁이 최고조에 이른 것으로 사회 내 파괴의 순간이며 기울어져 가는 파괴 형식에 대한 새로운 사회 경제 형식의 출몰이다.

1) 사회혁명의 근원

사회혁명의 근원은 확대되는 생산력과 소멸하는 생산관계

사이의 갈등이 첨예화되는 것이다. 낡은 체제에서 규정되는 사회생활의 다른 분야에서 생산력의 발전과 그 결과적인 변화는 경제 사회적 변화의 이행을 준비한다. 혁명은 이러한 준비를 완료하며 기울어가는 체제를 무효화하고 사회구조를 근본적으로 변화시키면서 강제적인 힘으로 새로운 체제를 실현한다.

생산은 오랜 기간 동안 불변적인 것일 수 없다. 오히려 그것은 계속적인 발전과 운동 속에 있다. 매우 민첩하게 전개되는 생산 안에는 생산력이 있으며 무엇보다도 생산도구들이 있다. 생산력은 생산에 있어 가장 유동적이며 혁명적인 요소다. 이러한 변화에 힘입어 인간과 인간의 경제적 관계들 사이의 생산관계들은 수정되기에 이른다.

그런데 생산관계는 생산력과 늘 동일한 리듬으로 발전되는 것이 아니다. 오히려 그것은 생산을 지지하기보다는 생산을 가로막고 생산력과의 갈등관계를 일으킨다. 이러한 마찰이 더욱 날카로워질 때 봉건제를 무너뜨리기 위해 부르주아지를 위해 사용된 무기들은 부르주아지 자체에 대항하게 될 것이다.

이때 모순을 해결하는 혁명의 불꽃이 튀게 되며 낡은 체제가 사장되고 새로운 체제가 설정된다. 부르주아지는 자신에게 죽음을 가져다줄 무기들을 제조했을 뿐 아니라 그러한 무기와 싸우는 사람들을 탄생시켰다. 즉 현대의 노동자들과 프롤레타리아 계급에 속한 자들이 바로 그런 자들이다.

2) 사회혁명의 본질적 요소

사회혁명이라는 특징을 지니면서 이러한 혁명을 여타의 모든 형태의 혁명들과 구별해 내는 본질적 요소는 정권의 이행과 사양길에 접어든 계급의 손아귀에서 상승적인 계급의 수중으로, 과거의 생산구조에서 새로운 생산체제의 건설로 이행하는 데 있다.

이러한 요소는 사회혁명이 궁중의 음모나 반혁명과는 근본적으로 구별됨을 말해 준다. 궁중의 권력은 이러저러한 계급에 의해 대체되는 것이 아니라 같은 계급의 힘의 이동만이 있을 뿐이며, 이러저러한 사람 혹은 그러한 사람들의 집단에 의한 권력의 대체만이 있을 따름이다. 거기에는 이러한 계급에서 저러한 계급으로의 힘의 이동이 없기에 사회계급의 본성은 불변적이다.

반혁명 안에서는 역사를 거스르는 퇴보적인 발걸음만이 존재한다. 권력의 이동은 한 계급의 수중에서 다른 계급의 수중으로 넘어간다. 그렇지만 그것은 혁명에서 발생하는 것과는 반대적인 의미로 그러하다. 사양길에 접어든 계급은 상승하는 계급을 일시적으로 바람막이로 삼을 수 있다. 한 계급에서 다른 계급으로의 권력의 이동이라 해서 그것이 모두 사회혁명은 아닌 것이며, 사양길에 접어든 계급의 지배를 끌어내리고 진보적인 계급의 승리를 실현하는 것만이 진정한 사회혁명인 것이다.

이 같은 이유로 인해 사회혁명이라는 개념은 단순히 무장봉기나 '시민전쟁'의 개념과 동일시되지 않는다. 그것은 비록 대부분의 경우 사회혁명이 계급 간의 무장충돌 없이 발생하지 않는다 해도 말이다. 계급 간의 무장충돌 혹은 시민전쟁은 새로운 경제 사회 체제의 구조를 확립해 주지는 못한다.

마르크스주의자들에 의하면 혁명의 본질적 요소는 사회모순의 해결책에 의해, 쓰러져가는 계급들의 실의에 의해, 새로운 사회체제의 설정에 의해 주어진다. 만일 이러한 구성요소들 중 어느 것 하나라도 결핍되는 일이 있다면, 더 이상 참된 사회혁명은 이룩될 수 없다. 그러한 혁명은 바로 프롤레타리아 계급에 의해 행해졌다 손치더라도 부르주아지 차원에 다시 떨어지는 혁신에 불과하다.

마르크스주의자들은 아직 그들이 기억하고 있는 사례로서 1905-1907년의 러시아 혁명을 들고 있다. 이것은 귀족정치의 전복과 봉건제의 잔재를 청산함으로써 부르주아지 혁명 안에서 나름대로의 해결책은 강구했지만 새로운 사회체제를 재건하는 데에는 도달하지 못했다.

3) 혁명의 객관적, 주체적 조건들

사회혁명이 성공을 가져오기 위해서는 사회의 첨예한 갈등에 의해 생겨난 결정적이고 실질적인 원인들 외에도 성숙한 혁명적 상황이 요청되며 양적, 질적으로 준비가 잘된 프롤레타리아 계급을 필요로 한다.

혁명은 정돈되어 행해지는 것이 아니다. 그것은 이런저런 용기 있고 능력 있는 우두머리의 변덕에 의한 것도 아니다. 물론 이들은 사회혁명의 긍정적인 출구를 마련하고 그 점을 보장해 줄 수 있다. 정치적인 대변동이 실현되기 위해서는 적합하고 객관적이며 주체적인 조건들의 현존이 동반되어야 한다. 여러 인민대중이나 대중적인 의식의 혁명적 '이념'을 준비하지 않고서는 모든 혁명은 실패로 돌아갈 것이기 때문이다.

행위하고 작용하는 사회적 지각변동이 심하면 심할수록 거기에 참여하는 인민대중의 폭은 점차 커질 것이다. 투쟁에 임하는 대중들의 폭이 넓으면 넓을수록 실현되는 변화들도 커질 수밖에 없다.

마르크스는 혁명들이 역사의 교각이라고 말한다. 사양길에 들어선 체제를 전복시키는 가운데 혁명은 인민의 갈 길을 방해하는 장애물들을 깨끗이 소제(掃除)하며 역사의 발전을 강력히 추진한다. 그러나 거기에는 한 가지 조건이 있으니, 그것은 혁명들이 강력하고 전문적이며 훈련된 손에 의해 인도되어야 한다는 것이다.

혁명은 그 과제로서 수적으로 일관되고 주체적으로 혁명을 준비하는 혁명계급을 필요로 한다. 역사의 필연성은 혼자서 실현해 낼 수 있는 것이 아니라 인간들의 혁명적 행동에 의해서만 가능할 뿐이다. 이러한 사람들이야말로 역사를 만들어

가는 자들이다. 준비된 혁명계급이 부족하다면 사회의 근본적인 지각변동은 아무런 의미도 없이 시들해 버리고 말 것이다. 서구 유럽 사회에서 봉건제로부터 자본주의로의 이동은 바로 이러한 이유 때문에 늦춰졌으며, 그것은 매우 고통스러운 일이었다.

혁명적 요소는 거기에 임하는 방법상의 폭이나 인민대중의 의식적인 참여에 있어서 사회의 자연적인 발전을 훨씬 넘어서 있다. 근본적인 시각으로 바라볼 때 그러한 것들은 투쟁을 인도하고 투쟁을 승리로 이끈다. 혁명적 행동의 효력은 노동자 계급이 낡은 체제를 전복하고 새로운 체제를 건설하려는 어떤 필요성의 의식과 비례한다.

마르크스주의는 '정신적' 삶과 '이념'들이 역사 안에서 수행하는 그 탁월한 역할을 부인하지 않는다. 오히려 사회생활의 결정적인 순간에 그 효력은 더 힘 있게 주장된다.

정치적 대변동이 일어나기 위해서는 인민대중 안에서 작용하는 '이념적' 대변동이 마련되어야 한다. 그리고 인민은 '이념적으로' 움직여야 하며 그들의 의식은 '혁명적'이어야 하고, 그들은 자신들이 지닌 권한의 타당성과 행동의 유효성을 깊이 확신해야 한다.

2. 사회주의 혁명과 프롤레타리아트 독재

마르크스와 엥겔스는 『공산당 선언』에서 사회주의 혁명 노선의 첫 번째 단계는 프롤레타리아트가 민주주의를 장악하면서 지배계급으로 부상한다는 사실에 있다고 말한다.

1) 사회주의 혁명: 그 본성과 원동력

마르크스주의에 의하면 인류 역사 안에 사회주의의 혁명은 유일하고 근본적이며 결정적인 사회의 지각변동이다. 이것은 여타의 모든 사회적 혁명과는 구별된다. 사회주의 혁명의 본질적인 내용은 인간에 의한 인간 착취의 결정적 파괴이며 참된 사회주의적 사회를 건설하는 것이다.

이전의 혁명들 역시 착취에 있어 나름의 어떤 형식들을 제거하기는 했지만 인간 착취를 제거한 것은 아니었다. 결국 인간 사회는 근본적으로 계급적이어서 늘 압박자와 피압박자로 구분되어 왔다. 사회주의 혁명은 착취의 원천을 뿌리째 뽑아 계급 없는 사회를 만들고자 한다.

사회의 근본적인 변화라는 이 거대한 임무는 프롤레타리아트뿐만 아니라 노동자, 농민, 모든 범주의 피압박자들을 포함한 사회의 전 계층을 동원함으로써 가능하다. 17-18세기에 봉건제에 맞서 사회혁명을 승리로 이끈 부르주아지는 프롤레타리아트에게만 가능한 식으로 그렇게 결정적인 방법으로 폭넓은 인민대중을 자기 주변에 끌어들이지 못했다. 왜냐하면 그들의 관심사는 노동자들의 관심사와 일치하지 못했기 때문이다. 그리하여 얼마 후에는 노동자 계급의 관심사와 충돌하기에 이르렀다. 따라서 그들이 사회혁명을 일으키는 데에는 결정적인 부분에 있어 늘 실패의 벽에 부딪혔다.

이와는 반대로 프롤레타리아트는 착취에 묶인 인민대중과 근본적이고도 동일한 관심사를 나누는 가운데 모든 계층의 노동자들과 동맹을 맺어야만 사회의 근본적인 대변동을 결정적으로 실현해 낼 수 있다.

2) 프롤레타리아트의 혁명적 독재

마르크스에 의하면 자본주의 사회와 공산주의 사회 간에는 혁명적인 전환기가 있었다. 전환기에는 정치적 이행도 뒤따른다. 이렇게 전환되어 발생하는 국가는 프롤레타리아트의 혁명적 독재 외에 다른 것이 아니다.

3) 프롤레타리아트 독재의 필요성

프롤레타리아트 독재는 마르크스 혁명의 본질적 요소이며 새로운 사회질서의 거대한 임무를 실현하는 데 있어서 결정적인 도구다.

모든 혁명들은 과거나 현재에 있어서 다소 폭력적인 독재성을 띠고 있었다. 따라서 공산혁명도 독재성을 지녀야 할 것이다. 이러한 혁명은 수없이 생겨나는 사회혁명들 중의 하나가 아니라 프롤레타리아트가 전 세계에서 억압된 자들과 피착취자들을 위해 승리를 가져오는 전적이고 결정적인 혁명이다.

레닌에 의하면 유일한 계급투쟁으로 마르크스주의를 축소시키는 것은 그것을 난도질하여 기형화하는 것이며, 부르주아지들에 의해서도 수용 가능한 것으로 축소시키는 것과 다름없다.

레닌에 의하면 계급투쟁은 마르크스의 이론에 있어서 특수한 요소가 아니다. 계급투쟁은 마르크스가 창시한 것이 아니라 마르크스 이전에 부르주아지가 만든 것이다.

자본주의에서 공산주의로 완전한 이행이 실현되고 부르주아지가 쓰러져 마침내 완전히 소멸되기 위해서는 계급투쟁이 더욱 날카로워져야 한다. 이때 국가는 프롤레타리아트와 가진 것이 없는 자들을 위해 새롭게 민주적이어야 하고 또 새로운 방식으로 부르주아지에 대항하여 독재적이어야 한다.

4) 프롤레타리아트 독재의 임무

프롤레타리아트의 역사적 임무는 국가 전체 안에서 착취계급의 저항을 소멸하는 것이고 나라 밖으로는 자본주의 국가들의 공격으로부터 사회주의적 정복을 방어하는 것이다.

이러한 목적에서 프롤레타리아트는 그 의무적 사안에 있어 정치권력을 행사해야 한다.

자본주의 국가 안에서 발생하는 것과는 달리 의무적인 사안은 권력이 주된 면이 아니다. 프롤레타리아트 국가 안에서 그것은 인민과 인민의 선익을 위해 쓰인다. 무장세력들과 국가 그리고 인민들 간에 존재하는 관계는 상호 신뢰와 협력 관계다. 군인과 경찰은 백성의 적이 아니라 안팎의 적들을 막아주는 파수꾼이다.

무장세력이 착취자와 착취자의 친구들을 옹호하는 자본주의 국가에서 발생하는 것과는 달리 프롤레타리아트 국가에서는 인민에 봉사하고 평화를 수호하는 데에 있다. 이 같은 마르크스적 주장에 입각하여 소비에트 연방의 문장에는 압박과 전쟁의 상징인 칼이 없으며, 평화스럽고 건설적인 노동의 상징인 낫과 망치가 있을 뿐이다.

노동계급은 모든 계급을 파괴하도록 불림을 받았기 때문에 착취계급에 대해 정치적 지배력을 지니고 있어야 한다. 그렇게 함으로써 사회계급의 분리를 소멸할 수 있다. 프롤레타리아트의 독재는 전환적이면서도 필수적인 조건이다. 이를 통해 착취자나 피착취자도 없고 정치권력이나 프롤레타리아트 독재도 없는, 다시 말해 계급 없는 사회에 도달할 수 있다.

마르크스주의에 의하면 계급사회에서 출발하여 순수 민주주의를 거쳐 계급 없는 사회에 도달할 수 있다고 생각하는 것은 하나의 이상주의적 사고에 불과하다. 계급사회로 이루어진 민주주의는 프롤레타리아트 아니면 부르주아지, 프롤레타리아트 독재 아니면 부르주아지 독재 외에 다른 것일 수 없다.

이러한 본질로 인해 국가는 이러저러한 계급의 독재이며 국가의 형태로서 민주주의는 계급주의적이고 규정된 계급을 위한 민주주의다. 따라서 사회의 민주주의는 계급주의적이고 규정된 계급을 위한 민주주의다. 그렇다면 사회의 반동적인 계급에 대한 독재가 요청된다. 프롤레타리아트 독재는 권력이 인민과 대다수의 시민들에게 속한다는 것을 의미한다.

프롤레타리아트 독재의 또 다른 임무는 거대한 프롤레타리아트 노동집단이 아닌 자들, 예를 들어 장인들, 농부들을 교육시키는 일이다. 그렇게 함으로써 그들에게서 부르주아적 요소를 근절하고 사회주의적 사회를 건설하도록 할 수 있다.

이러한 임무는 강요나 폭력에 의해 행해지지 않고 모범, 조직, 설득, 경제적 도움을 통해 이루어진다. 프롤레타리아트 독재는 모든 노동자와 프롤레타리아트, 비프롤레타리아트들과 계약을 맺고자 하는데, 이 계약은 이윤을 공동 분배하는 데 그 기반을 두고 있다.

사회적, 경제적, 정치적, 종교적으로 상이한 노동자 계층이 프롤레타리아트와는 구별된다 할지라도 그들은 착취의 멍에에서 해방되기를 공통적으로 염원한다는 점에서 서로 간에 일치감을 느낀다.

프롤레타리아트 혁명의 세 번째 임무는 경제제제와 사회의 문화생활을 변화시키는 것이다.

사회주의 혁명은 새로운 형태의 경제를 창조해야만 한다. 봉건제에 대항하는 부르주아지 혁명에서 생겨나는 것과는 반대로 사회주의 혁명에서는 전에 없었던 새로운 형태에 생기를 불어넣는 일이다. 이런 일은 자본주의 체제에서는 자발적으로는 결코 싹틀 수 없다. 이 같은 식의 분위기가 계속되는 경우 사회주의 혁명이 완수된다는 것은 있을 수 없으며 오로지 정권을 장악함으로써 제대로 된 시작이 있을 뿐이다.

마지막으로 사회주의 혁명은 정치, 경제 생활 외에도 사회의 문화-정신적인 삶 역시 변화시켜야 한다. 이러한 정신-문화적인 지각 변동은 정치, 경제 생활 다음에야 비로소 가능한 것이며, 그것이 실현되는 데 있어서는 고통을 수반할 뿐만 아니라 시간상으로도 상당한 기간을 필요로 한다.

부르주아 계급은 그들의 전망에 입각하여 권력에 이르기도 전에 고유한 문화와 나름대로의 지적인 태도를 창조할 수 있다. 그 대신 프롤레타리아트는 권력을 손아귀에 넣은 경우가 아니라면, 그들이 처한 착취 상황에서 문화와 고유한 사회주의적 지성을 창출해 낼 수가 없다. 그러므로 새로운 사회주의 문화를 창달하고 지성의 구도를 설정하며 대중의 공산주의적 교육을 실현하는 것은 프롤레타리아트 독재의 험하고도 위대한 과제다.

사회주의 체제 안에서 이 같은 노동의 분야는 자본주의와 봉건제에서 채택되는 분야와는 다르다. 만일 봉건제에서 노동의 분야가 레닌이 기술하고 있듯이 지팡이였다면, 자본주의에서는 굶주림이며, 사회주의에서는 생산의 주인인 노동자들의 의식적인 동지애다.

프롤레타리아트 독재의 임무는 노동에 대한 의식과 책임성을 교육시키는 일이며, 자본주의에서 유산으로 받은 착취적인 정신구조를 공동선과 사회발전이라는 관점에서 노동에 대한 창조적이고 즐거운 정신구조로 전환시키는 데에 있다.

프롤레타리아트 독재는 자본주의에서 사회주의로 변환의 상태를 구축한다. 이러한 독재는 혁명이 그들에게 맡긴 임무들 — 반동계급의 공격이나 세계 자본주의의 적대적인 세력의 공격에서 사회주의를 방어하고 계급 없는 사회를 건설하는 것 등 — 을 완수했을 경우에는 사라질 것이다.

3. 프롤레타리아트의 구체화된 의식인 정당

1) 공산당의 특징

공산당의 역할은 새로운 소비에트 연방 헌법이 규정하고 있듯이 전체 사회를 인도하고 지도하는 힘이며 정치체제 및 국가와 사회의 모든 조직에서 핵심적인 노릇을 하는 것이다. 당은 인민에게 봉사하며 인민을 위해 존재한다. 그리고 그것은 사회발전의 전반적인 전망과 국내외 정치적인 흐름을 규정하고 공산주의가 승리하도록 투쟁을 촉진하는 임무를 맡고 있다.

공산당은 온갖 부류의 정치인들이 여러 문제들을 놓고 합의된 결론에 도달하는 그러한 협의체로 개념되지 않는다. 그것은 유일한 목적을 성취하기 위해 획일적으로 일하는 엄격하고 조직적이며 살아 있는 세포들로 구성된 생생한 조직이다.

세포들의 생명은 당의 생명에 달려 있다. 당이 사회의 구체적인 문제들과 접촉하고 그러한 문제점들을 해결하기 위해 필요시되는 도구들을 창조하는 것은 세포의 활동을 통해서다. 이 세포의 활동을 통해 민주적 중앙집권제의 원칙 하에 '우두머리'에 대한 엄격한 선택을 하게 된다.

공산당은 프롤레타리아 계급과 그 역사적 체험의 대변자다. 공산당의 본질적 특성은 일치이며 획일성이다. 일치는 엄격한 정치적 계획에 의한 것이며, 어떤 절충이나 협상에 의한 결과가 아니라 실재(實在) 상황에 대한 충실한 분석에 의한 것이다.

당의 확실성은 이것이 공산주의 사회를 건설하는 노동계급 앞에서 책임 있는 유일한 요소라는 사실에 있다. 그러므로 이는 모든 의견들에 대해 공통분모를 찾고자 하는 것도 아니며, 서로 다른 이론들에 대한 지적인 균형을 발견하고자 하는 것도 아니다. 그것은 단지 노동자와 사회의 구체적인 문제점들을 정리하고 조직하고자 할 뿐이다.

세포는 당의 세력의 중심이다. 세포를 통해 당은 사회와 접촉할 수 있게 되며 선별된 요소들과 사회가 표현하는 가장 훌륭한 요소들로부터 자양분을 공급받게 된다.

공산당은 노동계급 우두머리들의 선별 도구로 개념된다. 당의 생명은 세포 생명의 결과다. 세포의 생명은 당의 업적을 강화하기 위해 구체적인 문제들 안에서 사회를 이해하는 데 전적으로 방향을 튼다.

이렇게 볼 때 공산당은 여러 문제들을 논하고 개인의 의견을 표시하며 의견의 균형에서 도출되는 합의된 해결책에 도달하는 일반적인 연합체로 개념되지 않는다.

공산당은 조직이며, 모든 이들의 조직적이며 의식적인 헌신으로 공동의 문제들을 해결하는 데에 전적인 관심을 두는 활동단체다. 공동의 문제란 예상하는 가운데 준비하고 결정으로 인도된 사회혁명을 통해 공산주의 사회를 건설함이다. 레닌의 가르침에 의하면 공산당의 생명력을 지속시키기 위해서는 본질적으로 두 가지 조건이 필요한데, 하나는 강력한 훈련이고 다른 하나는 절대적인 중앙집권제다.

이러한 중앙집권제와 철저한 훈련은 프롤레타리아트가 아주 강력한 적인 부르주아지를 대항하여 무자비하고 영웅적인 투쟁을 전개해야만 한다는 사실에 그 기원을 두고 있다. 이때 부르주아지는 국제적인 자본주의와 공조체제를 취하는 가운데 힘을 안배하고 결정적으로 몰락되는 것이 두려워 전보다 열 배의 노력을 더 기울인다.

연일 초석이 놓이고 계속해서 강화되어야 하는 철저한 훈련과 중앙집권제는 과장적인 연설을 통해서가 아니라 프롤레타리아트 선두주자의 의식을 파악하고 혁명적 대의에 대한 헌신, 자제력, 확고부동성, 영웅주의와 함께 펼쳐 나가야 한다. 인민은 올바른 정치적 선택에 대한 타당성을 고유한 체험을 통해 이해할 수 있도록 무엇보다도 바른 정치, 올곧은 전술과 전략이 이루어져야만 한다. 그렇게 함으로써만 일치와 훈련 그리고 당의 올바른 효과적인 중앙집권제가 이룩될 수 있다고 본다.

2) 공산당의 필요성

공산당의 필요성은 프롤레타리아트가 혁명을 통해 이룩하고자 사명을 받은 임무들로 인해 생겨난다. 마르크스주의에 의하면 혁명을 준비하고 투쟁의 결정적인 순간에 노동자 계급을 인도하며 새로운 사회 건설을 위해 모범과 자극을 주기 위하여 선별된 자들의 조종은 절대적으로 필요시되는 요소다.

강력하고 노련한 당 없이 프롤레타리아트 혼자서는 자본주의의 멍에로부터 벗어날 수 없을 뿐 아니라 수고스러운 혁명 안에서 거둔 힘을 보존할 수도 없고 공산주의 사회의 건설을 보장할 수도 없을 것이다. 그러한 사회 건설은 결국 안팎의 난관에 부딪힐 수밖에 없다.

거기에는 불안정한 프티 부르주아지의 동요를 극복해야 할 것이 있고, 더 폭넓은 노동자, 농민, 학생들의 집단을 장악하고 사회의 정치 경제 체제를 변화시킬 것이 있으며 부르주아지와 자본주의적 정신구조를 공산주의적 정신구조와 행동유형으로 변화시키는 가운데 완전히 새로운 문화를 창조해야 한다.

강력한 지도력이 결핍되고 자기 자신들에게 관대한 프롤레타리아트는 거대한 임무를 달성하는 것을 포기하고 말 것이다. 강력하고 치밀한 당만이 노동자들 안에서 새로운 의식을 창조할 수 있으며 빈틈없고 저항하는 형태로 그들을 조직할 수 있고 실현 가능한 즉각적인 임무와 성취해야 할 목표를 정복하기 위한 수단들을 명백하고 강렬하게 밝혀줄 수 있다.

열성적으로 인도되고 승리로 끝난 많은 혁명들은 그 후 당의 지도가 결핍됨으로 인해 최종적인 목표에 도달하지 못했음을 경험은 잘 보여주고 있다.

당은 상황의 변화를 파악할 수 있으며 적합한 전략을 구사할 수 있고 사건들의 이념적, 정치적 의미를 올바르게 평가할 수 있다. 여기서 "사건들의 이념적, 정치적 의미를 올바르게 평가할 수 있다"라는 문장은 레닌의 말로서, 이는 레닌이 충실한 자신의 모든 제자들에게 끊임없이 반복해서 가르쳤던 문구다. 이 문장이 의미하는 바는 모든 사건들은 객관적으로 분석되어 그 모든 면들이 자세하게 알려져야 한다는 것이다.

부르주아지에 의해 망쳐진 토지개혁법은 그들에게는 정당화될 수 있고 또 그들 자신들 안에서는 좋게 판단될 수 있지만, 알고 보면 그것은 사회의 계급구조에 바탕을 두고 이루어지고 있고 반발을 사고 있다는 점에서 부정적으로 평가되어야 하고 또 그렇게 평가될 수 있다. 농부를 위한 토지개혁법은 당이 그 혁명적 활동을 위해 토대로 삼고 있는 노동자 혹은 농민 계급의 투쟁의 의지를 약화시킬 수 있다.

그 밖에도 제국주의적 전쟁은 혁명적 전투가 발생할 수 있는 한에서 유익한 사건일 수 있다. 당은 혁명을 준비하고 그것을 이끌며 혁명의 결실들을 결정적으로 굳어지도록 하는 데에 있어 필수적이다.

3) 당의 과제들

당의 현존은 무엇보다도 노동자 집단을 프롤레타리아트 독재로 인도하는 데 있어 필수 불가결한 조건이다. 따라서 대중들에게 혁명의식과 관심사를 고취시키고 촉진하는 일이 필요하다.

이러한 목표를 성취하기 위해서는 노동자이건 노동자가 아닌 사람들의 집단이건 간에 가릴 것 없이 그들과 계속적인 관계를 맺고 접촉할 필요가 있으며 양적으로 뿐 아니라 질적으로도 그들의 힘을 배양하고 프롤레타리아트 주위에 그들을 집결시키는 것이 요구된다. 프롤레타리아트는 모든 노동자들에게 매력을 가져다주는 드라마와 해방이라는 공동 관심사에 대해 구체적이고 생생한 표현을 마련해 주어야 한다.

프롤레타리아트가 권력을 장악하도록 하는 데 있어서 공산당의 임무가 감소되어서는 결코 안 된다. 사회주의의 생명력은 자양분을 받아 더 강력해져야만 한다.

이러한 목표를 달성하는 데 있어서는 젊고 문화적인 연합기구, 인민과 시민의 동맹들, 노동조합 조직들이 이바지할 것이다. 이러한 기구나 조직들은 공산당이 그 영향력을 행사하고 인민의 모든 문제와 필요성에 대해 교육하며 유익한 활동을 펼칠 수 있는 적합한 '공간'들인 것이다.

자신들의 정확한 정치적 임무를 자각하는 대중은 비옥한 혁명운동의 초석이다. 당의 정신은 대중 속에 스며들며, 대중은 공산주의 사회라는 유일한 목표에 도달하기 위해 자신을 불태운다.

그때 당의 임무는 계속될 것이지만 프롤레타리아트 독재가 참으로 공산사회를 탄생시키는 경우 그 임무는 막중해질 수밖에 없다. 당은 사회발전을 위해 따라야 하는 올바른 정치를 가다듬고 우파 혹은 좌파와 같은 극단주의와 투쟁하는 데 있어 필요한 지침과 원동력이 된다는 본연의 임무를 항시 자각하며 이를 완수해야만 한다.

4) 당과 민주주의

부르주아적 이념가들에 의하면 안내자이며 모든 활동과 국가 및 사회조직의 원동력으로서의 마르크스적 당 개념은 사회의 민주주의를 위기에 몰아넣을 뿐 아니라 그것을 부정하기까지 한다. 그들은 공산당의 획일성과 역할이 민주주의와 양립할 수 없다고 단언한다. 민주주의는 정당들의 다원주의를 전제로 한다. 따라서 공산주의 체제는 민주주의적 특성을 결코 지닐 수 없다는 것이다.

부르주아지를 반박하는 마르크스 이론가들은 아주 단순하

게 그러한 주장들이 계급사회에서 얼마든지 있을 수 있다고 인정한다. 계급사회 안에는 상이한 계급이 지닌 서로 다른 관심사를 대변하고 표현하는 여러 정당들이 존재한다. 그렇지만 정당들의 다수화가 곧 민주주의 정신을 표현하고 보장해 주는 일이라고 마르크스주의자들은 생각하지 않는다.

마르크스주의에 의하면 민주주의는 정당들의 많고 적음에 기인하는 것이 아니라 권력을 행사하는 계급의 질에 달려 있다고 본다. 만일 권력이 인민에 의해 행사되고 인민이 자신들의 대표자들을 통해 권력을 행사한다면, 민주주의는 그 효력을 결정적으로 발생시킨다. 이를 그대로 적용한 듯한 새로운 소비에트 연방의 헌법에 의하면 발전된 사회주의 사회는 "참된 민주주의 사회다"라고 적고 있다.

마르크스주의자들은 공산사회는 이것을 훨씬 능가하는 사회라고까지 확신한다. 물론 거기에는 중앙집권제가 있지만 그것은 어디까지나 민주적 중앙집권제라고 여긴다.

마르크스주의자들에 의하면 자본주의가 공산주의로 넘어가는 일시적 단계에서는 다수당의 존재가 생각될 수 있지만, 그것은 여타의 정당들이 공산당의 안내 역할을 인정한다는 조건에서만 그럴 수 있다. 이런 점은 인민들의 민주주의 국가 안에서만 발생한다고 그들은 말한다.

사회주의가 건설되고 또 공산주의 사회가 건설되고 있는 곳에서의 유일한 프롤레타리아트 정당의 안내 기능은 필수 불가결한 것이며, 이는 결코 민주주의의 죽음을 의미하지는 않는다. 그 근본 이유는 적대계급이 더 이상 존재하지 않는 곳에서는 모든 인민의 정치-도덕적인 일치가 실현되기 때문이다.

당은 노동자 계급의 표현으로 노동계급과 농부 그리고 지식인들에게서 그 힘과 생명력을 끌어들인다.

당은 인민대중의 목소리에 귀 기울이며 참으로 민주주의적인 방식으로 그들의 열망을 표현해 준다. 노동자 계급의 가장 진보적이며 가장 의식적인 부분으로부터 의지적인 선별을 거쳐 구성된 당은 인민의 민주적인 발전을 보장해 준다.

4. 공산사회의 여명

1) 공산주의와 자본주의: 경쟁적 공존

역사 안에서 인민들의 발전은 동일한 리듬을 타거나 같은 유형으로 그렇게 된 것이 아니다. 그것은 다양한 역사적, 지리적 조건에 의해 가능한 것이었으니, 이러한 조건들은 생산력에 있어 발전의 다양성을 규정해 주는 것이었다. 인민들은 서로 다른 시간에 사회발전의 동일한 단계에 도달하였다.

이집트, 그리스 그리고 로마와 같은 거대한 나라들이 노예주의적 정권을 수립하여 이를 강화했을 때 집단적 체제는 계속해서 존재하고 있었다. 중세에 이르러 유럽과 아시아의 여러 나라에서 봉건제도가 적용되고 있을 때 아프리카와 아메리카 그리고 오스트레일리아에 있는 여러 국가에서는 노예제도와 원시 집단 체제가 혼재하고 있었다. 그 이후 서구의 많은 국가들에서 자본주의가 속속 생겨날 때 많은 국가들에서는 봉건제와 노예제도의 잔재가 여전히 남아 있었다.

따라서 경제 사회적 형태들은 서로 대체될 뿐 아니라 결정적인 시기에 이르러서는 서로 공존한다는 것이 역사적 유물론의 법칙이다. 우리가 살고 있는 지금에 와서 사회주의와 자본주의의 공존은 바로 이러한 법칙을 따른다. 이렇듯 국제 공동체 안에서 사회주의적 혁명들은 같은 시간에 발생하는 것이 아니다.

자본주의는 착취라는 범세계적 체계를 조작해 냈다. 전 세계로 그들의 영향력을 확대시키지도 않고 그들 간에 아무런 연관성도 지니지 않던 이전의 경제 사회적 형태들과는 달리 자본주의 체제는 모든 지표면을 감싸고 모든 국가의 경제를 소용돌이치게 하고 있다.

자본주의가 깔고 있는 원리들과는 반대되는 원리, 즉 착취와 제국주의적 식민주의에서 벗어나 인민들 간의 상호 협력과 도움의 원리에 바탕을 두고 있는 사회주의는 그 자체가 세계 체계여야 할 것이다. 그것은 사회 전체의 변혁을 위해 모든 세대를 필요로 한다.

사회주의적 사회의 역사적 생성 법칙은 인간 공동체를 구성하는 국가들이 성공적인 사회화를 통해 개별 국가 안에서 사회주의의 승리를 이끌어내면서 다시 세계 내 사회주의의 승리로 나아간다. 사회주의의 역사적 생성의 리듬은 그것이 더 많은 국가들로 확산될 때 점차 가속화될 것이다. 그것은 사회주의를 향해 발전하는 모든 국가들이 세계 내 사회주의의 성장에 연계되어 작용할 것이라는 기본 이유로 인해 기하학적 비율로 성장할 것이다.

마르크스주의 이론에 따르면 공산주의가 다른 공산주의 국가들의 형제적 협력과는 별도로 개별 국가 안에서 단독으로 건설된다는 수정주의자들의 명제는 불합리한 명제일 뿐 아니라 반마르크스적 명제라고 한다.

수정주의자들과 독단론자들의 명제(命題, propositio)는 추방되어야 한다. 그들의 명제는 사회주의적 혁명의 일반 법칙들과 모순되는 국가의 특수성을 확대 포장하고 있으며 편협한 독단론에 빠져든 가운데 그런 법칙들을 전적으로 부정하고 있다.

2) 공산주의의 결정적 승리

자본주의와 경쟁적으로 맞서는 공산주의는 불가피하게 승리를 거두게 될 것이다. 마르크스주의자들에 의하면 공존은 투쟁의 부재를 의미하지 않고 선재(先在), 창조적 생명력, 커져 가는 경쟁력의 강화를 뜻한다. 자기 시대를 다하고 붕괴하기 시작하는 자본주의에 대항하여 거기에는 생명력이 충만한 상승적 사회주의가 자리하고 있다.

제1차 세계대전 이후 사회주의는 처음에는 열세적인 상황에 놓여 있었다. 러시아는 자본주의 정권을 지닌 국가들에 둘러싸인 유일한 공산정권의 국가였다.

마르크스주의 이론에 따르면 사회주의는 러시아에 완전하고 결정적인 승리를 가져다준 것으로 믿었다. 이는 제국주의적 폭력의 사건들이 발생한다 할지라도 자본주의를 재건한다는 것은 불가능하다는 의미에서 그러했다. 강력하고 모호한 반동 세력이 세계 내 사회주의의 진보를 반대한다 할지라도 사회주의 국가들의 응집력과 커져 가는 프롤레타리아트의 일치 그리고 무엇보다도 마르크스적 운동의 '이상적' 힘은 모든 장애물을 쳐부수고 공산주의의 완전한 승리를 보장해 줄 것이라고 믿었기 때문이다.

그들에 의하면 시간은 공산주의를 위해 움직인다. 자본주의에 대한 승리는 불가피하게 이루어질 것인바, 이유는 공산주의 체제가 진보적인 체제인 데 반해 자본주의 체제는 반동적이기 때문이다. 또한 레닌의 사상에 의하면 사회주의는 승리할 것인데, 이유는 그것이 인민대중의 창조성과 개인의 발전에 개방되면서 사회발전의 가속화를 보장해 주기 때문이다.

마르크스주의 이론가들에 의하면 공산주의를 폭력과 함께 세계에 '수출'하려는 음모를 소비에트 연방의 탓으로 돌리는 행위는 일고의 가치도 없는 부르주아적 중상모략이다. 이와 유사한 의도는 소비에트 연방의 실제적인 의도들과 대치되며 무엇보다도 역사적 유물론의 기본 지침과도 전적으로 모순된다.

사회혁명들은 발명되지도 않고 수출되지도 않는다. 고유한 역사를 창조하는 것은 인민들이고 사회적 양식들을 넘어서 가는 것을 규정하는 것은 사회발전의 객관적 법칙들이다. 공산주의는 승리할 것인데, 이유는 공산주의는 바로 이러한 법칙들에 순응하기 때문이다.

> 마르크스적 사회주의는 참된 것이기에 그것은 전능하다(레닌).

사회주의적 혁명은 압제에 시달리는 모든 인민들의 발걸음을 이끌어줄 것이다. 인민들로 하여금 자본주의와 식민주의적 멍에에서 벗어나도록 하는 것은 경제적, 물질적 필요성들이다. 외부로부터 공산주의를 심고자 함은 부조리한 것이며, 이는 가지들만을 잘라 그것을 땅에 꽂아 초목을 자라도록 하는 행위와 별반 차이가 없다.

자본주의는 붕괴할 것이다. 왜냐하면 외부로부터 프롤레타리아트가 권력의 주인 노릇을 해서가 아니라 자본주의의 정치 경제적 모순이 점점 더 날카로워질 것이기 때문이다. 국제적인 프롤레타리아트 세력이 외부로부터 그것을 전복시키기도 훨씬 전에, 역사 자체는 자본주의를 분쇄하여 그것을 내부로부터 해체시킬 것이다.

사회혁명들은 억지로 수출되지 않을 뿐 아니라 반동적인 반혁명들은 사회주의 국가에 폭력을 통해 수입되지도 않는다.

마르크스 이론가들은 사회주의적 사회에서 계속적으로 커나가는 응집력과 세계의 프롤레타리아트의 무적의 힘은 가능한 자본주의적 불꽃의 모든 회귀를 결정적으로 소멸시킬 수 있다고 하나같이 입을 모으고 있다.

자본주의 체제가 내부의 파괴로 인해 쓰러지게 되는 것과는 달리 그것을 살찌우는 내부의 생명력과 그것을 활성화시키는 고상한 '이념들' 그리고 역사적 유물론의 객관적 법칙에 대한 발전의 완전한 집착에 의해 사회주의는 승리를 거두게 될 것이다.

그때에 공산주의 사회의 여명은 싹틀 것이며 『공산당 선언』이 예고한 대로 그러한 사회 안에서 "각자의 자유로운 발전은 모든 이들의 자유로운 발전의 조건"이 될 것이다. 그리고 마르크스가 예언했듯이, 부르주아지 정의의 좁다란 지평은 공산주의 사회 안에서 극복되고, 사회는 자신의 깃발에 "각자는 자신의 능력에 따라, 각자는 자신의 필요성에 따라"라는 글귀를 아로새길 수 있으리라는 것이 마르크스주의자들의 주장이다.

김현태 루카신부

약력

1952년 8월 15일	대전 유성 태생
1979년 2월	서울가톨릭대학교 졸업
1981년 2월	서울가톨릭대학교 대학원 졸업. 종교철학 석사 사제수품
1981년-1982년	부산 봉래동성당 보좌신부
1982년-1988년	로마 교황청립 안토니안대학교 철학부 졸업 철학 석사 및 박사 학위 취득
1988년-1989년	로마 안토니안대학교 초빙교수
1988년-1997년	서울 수도자신학원 교수
1988년-1991년	서강대학교 철학과 강사
1989년-1990년	서울가톨릭대학교 강사
1990년-1995년	서울가톨릭대학교 교수
1990년-1995년	서울가톨릭대학교 부설 중세사상 연구소장
1992년-1994년	프란치스칸 사상연구소 창설 및 초대소장
1995년-1998년	구월1동성당 주임신부
1995년-2006년	인천가톨릭대학교 교수
1995년-2005년	서울가톨릭대학교에서 철학 강의
2002년-2006년	강화성당 주임신부
2006년-2009년	인천가톨릭대학교에서 철학 강의
2006년-현재	인천대건고등학교 교장 인천가톨릭대학교 부설 교리신학원에서 철학 강의

저술목록

1. 저서

『데카르트 철학에 나타난 신 접근 고찰』, 안토니안대학교, 로마, 1988.
『데카르트와 후설 비교론』, 안토니안대학교, 로마, 1988.
『내탓이오』(공저), 보성출판사, 1991

『과학과 신앙』(공저), 한국천주교중앙협의회, 1993.
『둔스 스코투스의 철학사상』, 가톨릭대학교 출판부, 1994.
『철학의 원리 I』, 가톨릭대학교 출판부, 1994.
『종교철학』, 가톨릭대학교 출판부, 1996.
『중세기의 교회와 국가』, 인천가톨릭대학교 출판부, 1997.
『현대 사회와 자유』(공저), 그리스도교철학연구소 편, 철학과현실사, 2001.
『철학과 신의 존재』, 철학과현실사, 2003.
『중세철학사, 그리스도교 사상의 기원과 발전』, 인천가톨릭대학교 출판부, 2004.
『철학과 그리스도교 문화탐색』, 철학과현실사, 2005.
『수도생활과 사도직』(공저), 분도출판사, 1984,
『둔스 스코투스의 삶과 사상』, 철학과현실사, 2006.
『즐거운 지혜: 사상과 풍상의 만남』, 철학과현실사, 2012.
『참된 존재를 향한 지혜』, 철학과현실사, 2012.

2. 역서

『인간을 위한 미래건설』, 분도출판사, 1990.
『프란치스칸 휴머니즘과 현대사상』, 가톨릭대학교 출판부, 1992.
『성녀 글라라에 관한 초기 문헌들』(공역), 프란치스칸 사상연구소, 1993.
『하느님 섭리에 내맡김』, 가톨릭대학교 출판부, 1996.
『인식론』, 인천가톨릭대학교 출판부, 2005.
『고통의 가치, 희생 제물의 내적 기쁨』, 철학과현실사, 2005.
『하느님의 강한 무기로 무장하십시오』, 철학과현실사, 2006.
『형이상학』, 인천가톨릭대학교 출판부, 2011.

3. 논문

「후설의 현상학과 선험적 관념론」, 1991.
「무우니에(E. Mounier)의 인격주의적 존재론」, 1992.
「현대문화 속에서 바라본 희망의 선택」, 1998.
「현대문화와 인간에 관한 문제」, 1998.
「일상생활과 상승문화」, 1999 외 20여 편.

마르크스주의의 정체 탐구

편저자 김현태

1판 1쇄 인쇄 2012년 10월 1일
1판 1쇄 발행 2012년 10월 5일

발행처 철학과현실사
발행인 전춘호

등록번호 제1 583호
등록일자 1987년 12월 15일

서울특별시 종로구 동숭동 1-45
전화번호 579-5908
팩시밀리 572-2830

ISBN 978-89-7775-758-5 93160
값 12,000원